“走出去”系列教材

汉语速学2

Chinese Crash Course 2

主 编：史 文 张江梅 何 盈
副主编：王甦晨 吴雯霞
参 编：崔 月 高 唱

对外经济贸易大学出版社
University of International Business and Economics Press

图书在版编目（CIP）数据

汉语速学. 2 / 史文，张江梅，何盈主编. —北京：对外经济贸易大学出版社，2023.6

“走出去”系列教材

ISBN 978-7-5663-2516-7

Ⅰ. ①汉… Ⅱ. ①史…②张…③何… Ⅲ. ①汉语–对外汉语教学–教材 Ⅳ. ①H195.4

中国国家版本馆 CIP 数据核字（2023）第 121712 号

汉语速学 2
Chinese Crash Course 2

史　文　张江梅　何　盈　主编

责任编辑：杨娇娇

出版发行：对外经济贸易大学出版社
社　　址：北京市朝阳区惠新东街 10 号
网　　址：www.uibep.com
资源网址：www.uibepresources.com
邮政编码：100029
邮购电话：010－64492338
发行部电话：010－64492342
E-mail：uibep@126.com

成品尺寸：185mm×260mm
印　　张：7.75
字　　数：179 千字
ISBN 978-7-5663-2516-7
印　　刷：北京市泰锐印刷有限责任公司
版　　次：2023 年 6 月北京第 1 版
印　　次：2023 年 6 月第 1 次印刷
定　　价：42.00 元

前 言

随着我国经济的高速发展和国际地位的不断提高，加之共建“一带一路”的扎实推进，汉语越来越成为“一带一路”沿线国家语言学习者热衷学习的语种，习近平总书记在党的二十大报告中指出，要“增强中华文明传播力影响力……深化文明交流互鉴，推动中华文化更好走向世界”。国际中文教育是提升中文国际地位和影响力的重要载体，也是“增强中华文明传播力影响力”的直接路径。为了充分利用“一带一路”这个国际合作平台发挥国际中文教育在国际文化交流中的重要作用，通过语言“走出去”的方式，促进汉语和中国文化的国际传播，编写一本普适性和针对性相结合、简洁易懂且富含特色的国际中文教育教材将有助于提高学生的学习热情，更好地理解汉语知识和认识中国文化。

为贯彻党的二十大报告所提出的“办好人民满意的教育”“加强教材建设和管理”的要求，本教材遵循国际中文教育教材编写的基本原则和发展趋势，适用于汉语初级水平学习者。

教材共分两册，第一册共 15 课，每课包含热身活动、生词和课文、语法和文化讲解、汉字学习以及课后练习五个部分。热身活动主要以图片的形式引出本课话题，在教学中可采用直观且轻松的方式激发学生对新知识的学习动机，自然过渡到生词和课文会话的学习。语法和文化的讲解采用注释的方式，语言简洁，搭配不同语境中的典型例句，弱化语法，着重引导学生关注语言形式并在真实语境中重复实践语言点，加深理解。汉字部分先学习 14 个汉字基本笔画和 8 个书写笔顺，让非汉字圈学生了解汉字书写特征后再在每课介绍两个本课课文中出现较多且易学易写的偏旁并给出其他例字，加强对汉字的认知和积累。课后练习针对每课的重难点分类进行强化训练，包括语音练习、语法和句型练习以及汉字书写练习，参考汉语水平考试（HSK）题型，在巩固本课知识点的同时熟悉 HSK 考试题型。

编写具体分工如下：史文负责第 1 课和第 14 课；王艳负责第 15 课；毕伟负责第 8

课和第 9 课；何盈负责第 10 课；吴雯霞负责第 13 课；崔月负责第 6 课和第 7 课；陈颖负责第 2 课和第 3 课；高唱负责第 11 课和第 12 课；赵移山负责第 4 课和第 5 课。

第二册共 15 课，每课包含热身活动、生词和课文、语法和文化讲解、课堂活动以及课后练习五个部分。遵循结构、功能、文化相结合的教学基本原则，每课围绕 1~2 个交际主题，选取反映中国当代社会特点的内容展开。热身活动设计了 4 个与主题密切相关的问题，在教学中可引导学生运用已知知识完成师生问答或生生问答，并与新的交际话题产生连接，自然过渡到新的课文和生词的学习。注释中的语言点和文化点在课文会话的基础上拓展了其他语境下的实践运用，循序渐进，从懂到会，掌握语言点在交际中的正确使用。在每一课的语言点知识后均设置输出型课堂活动任务，帮助学生在真实语境中充分运用当课的知识点及实际语用搭配，提升汉语交际能力和对中国文化的正确理解。课后练习针对每课的重难点分类进行强化训练，包括词汇和汉字与语法和句型练习，参考 HSK 考试题型，在巩固本课知识点的同时熟悉 HSK 考试题型。

编写具体分工如下：史文负责第 1 课和第 9 课；张江梅负责第 4 课；何盈负责第 7 课、第 14 课和第 15 课；王甦晨负责第 2 课、第 5 课和第 8 课；吴雯霞负责第 10 课和第 11 课；崔月负责第 12 课和第 13 课；高唱负责第 3 课和第 6 课。

本教材尚存在许多疏漏和不足之处，敬请各位同行、老师批评指正！

编写组

2023 年 2 月

目 录

第一课 她是我的好朋友
She is my good friend ········ 1
第二课 祝你生日快乐
Happy birthday to you ········ 9
第三课 请把宿舍打扫一下儿
Please clean the dormitory ········ 17
第四课 这是我第五次来了
This is my fifth visit ········ 25
第五课 我的假期
My holiday ········ 33
第六课 你怎么了
What's wrong with you ········ 41
第七课 我们坐飞机还是高铁去
Shall we go by plane or by high-speed railway ········ 49
第八课 你有什么建议
What do you suggest ········ 57
第九课 我是骑共享电动车回来的
I came back by shared e-bike ········ 65
第十课 他的中文跟我一样好
His Chinese is as good as mine ········ 73
第十一课 他去参加朋友的婚礼了
He went to a friend's wedding ········ 81

第十二课　天气越来越冷了
It's getting colder and colder ······ 89

第十三课　冬天总是下雪
It always snows in winter ······ 97

第十四课　对不起，打扰到您
Sorry to bother you ······ 105

第十五课　我们一起去看看她吧
Let's visit her ······ 113

第一课　她是我的好朋友
She is my good friend

一、热身 Warm-up

回答问题 Answer the Questions

Nǐ de hǎo péngyou jiào shénme míngzi?
1. 你 的 好 朋友 叫 什么 名字？

Kěyǐ jièshào yíxià nǐ de hǎo péngyou ma?
2. 可以 介绍 一下 你 的 好 朋友 吗？

Nǐ yǒu jǐ ge Hànyǔ lǎoshī? Shì nán lǎoshī háishi nǚ lǎoshī?
3. 你 有 几 个 汉语 老师？是 男 老师 还是 女 老师？

Nǐ yǒu jiārén de zhàopiàn ma? Qǐng jièshào yíxià nǐ de jiārén.
4. 你 有 家人 的 照片 吗？请 介绍 一下 你 的 家人。

二、课文 Text

课文 1.

Gēn lǎoshī shuō huà de nàge rén shì shéi?
A: 跟 老师 说 话 的 那个 人 是 谁？

Shì wǒ de hǎo péngyou, Zhōu Yuè.
B: 是 我 的 好 朋友，周 月。

Tā hěn rènzhēn.
A: 她 很 认真。

Shìde, tā yòu cōngming yòu nǔlì. Dàjiā dōu hěn xǐhuan tā.
B: 是的，她 又 聪明 又 努力。大家 都 很 喜欢 她。

生词 New Words

1. 认真 rènzhēn *adj.* serious, earnest
2. 聪明 cōngming *adj.* smart, clever
3. 努力 nǔlì *adj.* hard-working

课文 2.

Zhè shì nǐ xiǎo shíhou de zhàopiàn ma?
A: 这 是 你 小 时候 的 照片 吗？

Shì a, bàozhe qiú de nàge jiùshì wǒ.
B: 是 啊，抱着 球 的 那个 就是 我。

Shì shénme shíhou pāi de?
A: 是 什么 时候 拍 的？

Xiǎoxué sān niánjí, hái bú dào suì ne.
B: 小学 三 年级，还 不 到 9 岁 呢。

生词 New Words

4. 小时候 xiǎo shíhou *n.* childhood
5. 照片 zhàopiàn *n.* photo
6. 拍 pāi *v.* to take photos
7. 抱 bào *v.* to hold

课文 3.

Nǎge shì nǐ mèimei?
A: 哪个 是 你 妹妹？

Chuānzhe hóng qúnzi názhe shǒujī de nàge jiùshì.
B: 穿着 红 裙子 拿着 手机 的 那个 就是。

Shì bu shì nàge yòu shòu yòu gāo de?
A: 是 不 是 那个 又 瘦 又 高 的?

Duì, jiùshì tā.
B: 对，就是 她。

生词 New Words

8. 裙子 qúnzi *n.* skirt
9. 拿 ná *v.* to take, to hold
10. 手机 shǒujī *n.* cell phone
11. 瘦 shòu *adj.* thin

课文 4.

Qǐngwèn, Wáng lǎoshī de bàngōngshì shì zài zhèr ma?
A: 请问，王 老师 的 办公室 是 在 这儿 吗？

Nǎge Wáng lǎoshī? Wǒmen zhèr yǒu liǎng ge Wáng lǎoshī ne.
B: 哪个 王 老师? 我们 这儿 有 两 个 王 老师 呢。

Nán de, duō suì, dàizhe yǎnjìng, yǒudiǎnr pàng.
A: 男 的, 40 多 岁，戴着 眼镜，有点儿 胖。

Ò, nǐ shuō de shì Wáng Yúnfēi lǎoshī ya, tā de bàngōngshì zài
B: 哦, 你 说 的 是 王 云飞 老师 呀, 他 的 办公室 在 302。

生词 New Words

12. 办公室 bàngōngshì *n.* office
13. 戴 dài *v.* to wear, to put on
14. 眼镜 yǎnjìng *n.* glasses
15. 胖 pàng *adj.* fat

三、注释 Notes

1. “又……又……” The Structure “又……又……”

“又 adj.1+又 adj.2”形容人或事物具有两个特点。

“又 adj.1+又 adj.2” is used to describe two qualities existing in the same person or thing.

例如：

(1)妹妹又高又瘦。

(2)我的手机又便宜又好用。

(3)我女朋友又漂亮又聪明。

(4)外面又黑又冷。

2. “v.+着”句型表示人或物某种状态的持续。

The structure “v.+着” indicates the continuation of a certain state of a person or thing.

例如：

(1)穿着红裙子拿着手机的那个是我妹妹。

(2)上课时，同学们都看着老师。

(3)照片上站着的那个就是我。

四、课堂活动 Activity

游戏：猜猜他是谁

用 3—5 个句子描述一位同班同学，不说他的名字，请其他同学猜猜他是谁。

例如：她又高又瘦，戴着眼镜……

五、练习 Exercise

词汇与汉字 Vocabulary and Chinese Characters

（一）根据拼音写汉字

Write Chinese characters according to the *pinyin*.

1. 她很 rènzhēn(　　　)
2. 又聪明又 nǔlì(　　　)
3. bào(　　　)着球
4. 小时候的 zhàopiàn(　　　)
5. 王老师的 bàngōngshì(　　　)
6. 穿 zhe(　　)红裙子

（二）看句子，选择正确的词语填空

Read the sentences and choose the right words to fill in the brackets.

A 裙子 (qúnzi)　B 眼镜 (yǎnjìng)　C 拿 (ná)　D 抱 (bào)　E 瘦 (shòu)　F 胖 (pàng)

1. 今年 生日，爸爸 送了 我 一 条 漂亮 的(　　)。
   Jīnnián shēngrì, bàba sòngle wǒ yì tiáo piàoliang de

2. 照片 上，(　　)着 小 狗 的 就是 我。
   Zhàopiàn shang, zhe xiǎo gǒu de jiùshì wǒ.

3. 下 课 了，老师(　　)着 课本 和 杯子 走 出 教室。
   Xià kè le, lǎoshī zhe kèběn hé bēizi zǒu chū jiàoshì.

4. 你 才 90 斤，哪里(　　)了？
   Nǐ cái jīn, nǎli le?

5. 女 孩子 不 能 总是 以(　　)为 美，还是 健康 最 重要。
   Nǚ háizi bù néng zǒngshì yǐ wéi měi, háishi jiànkāng zuì zhòngyào.

6. 赵 西 老师 总是 戴着 一 副 厚厚 的(　　)。
   Zhào Xī lǎoshī zǒngshì dàizhe yí fù hòuhòu de

（三）选择正确的汉字

Choose the correct Chinese characters.

Jiějie xuéxí hěn zhēn.
(1)姐姐 学习 很(　　)真 。

识	认

Zhè zhāng zhàopiàn de hěn piàoliang.
(2)这 张 照片(　　)得 很 漂亮 。

柏	拍

Yòu yòu gāo de nàge jiùshì Wáng Yì.
(3)又(　　)又 高 的 那个 就是 王 义。

瘦	瘐

Tā chuānzhe yì tiáo lánsè de zi.
(4)她 穿着 一 条 蓝色 的(　　)子。

裾	裙

语法与句型 Grammar and Sentence Pattern

（一）选择合适的词语，并用“v. +着”完成句子

Choose the proper words and complete the sentences with “v. +着”.

chuān	dài	bào	ná	kàn	zhàn
穿	戴	抱	拿	看	站

Shàng kè qián, Dàwèi hé Lǐ Míng zài jiàoshì wàimiàn zhe liáo tiānr.
1. 上 课 前，大卫 和 李 明 在 教室 外面(　　)着 聊 天儿。

Jīntiān tèbié lěng, háizimen dōu zhe yǔróngfú zhe màozi qù shàng xué.
2. 今天 特别 冷，孩子们 都(　　)着 羽绒服(　　)着 帽子 去 上 学。

Wǎnshang, mèimei xǐhuan zhe tā de wánjù gǒu shuì jiào.
3. 晚上，妹妹 喜欢(　　)着 她 的 玩具 狗 睡 觉。

Nǐ de zhàopiàn shì wǒ xiǎoxué wǔ niánjí pāi de.
4. 你(　　)的 照片 是 我 小学 五 年级 拍 的。

Dàjiā dōu nǐ ne, shuō diǎn shénme ba.
5. 大家 都(　　)你 呢，说 点 什么 吧。

（二）选择合适的问答

Match the sentences to make dialogues.

Dài yǎnjìng de shì wǒ gēge, pángbiān nàge shì tā de hǎo péngyou.
A. 戴 眼镜 的 是 我 哥哥，旁边 那个 是 他 的 好 朋友。

Shìde, tā yòu cōngming yòu rènzhēn, xuéxí hěn nǔlì.
B. 是的，她 又 聪明 又 认真，学习 很 努力。

Nǐ zěnme dào jiā jiù zuòzhe kàn diànshì, yě bù bāng wǒ zuò fàn?
C. 你 怎么 到 家 就 坐着 看 电视，也 不 帮 我 做 饭？

Zhè shì nǐ xiǎo shíhou ma?
D. 这 是 你 小 时候 吗？

Wǒ yòu lèi yòu è, nǐ ràng wǒ xiūxi yíxià ba.
1. 我 又 累 又 饿，你 让 我 休息 一下 吧。（ ）

Nǐ zài kànkan, názhe bīngqílín de nàge cái shì wǒ.
2. 你 再 看看，拿着 冰淇淋 的 那个 才 是 我。（ ）

Zhàopiàn shang de rén shì shéi?
3. 照片 上 的 人 是 谁？（ ）

Lǎoshīmen dōu hěn xǐhuan Lǐ Nà ba?
4. 老师们 都 很 喜欢 李 娜 吧？（ ）

（三）将下列词语组成句子

Make up sentences with the following words.

1. 又 周月 聪明 努力 是 一个 又 的 学生

____。

2. 又 是 高 妹妹 我 瘦 又 的 那个

____。

3. 戴 眼镜 着 王老师 吗

____？

4. 着 抱 去 课本 上课 她

____。

第二课　祝你生日快乐

Happy birthday to you

一、热身 Warm-up

回答问题 Answer the Questions

Nǐ shì shénme shíhou shēng de?
1. 你 是 什么 时候 生 的？

Bān li láile xīn tóngxué, nǐ huì duì tā shuō shénme?
2. 班 里 来了 新 同学，你 会 对 他 说 什么？

Biǎodá gǎnxiè de shíhou, nǐ huì shuō shénme?
3. 表达 感谢 的 时候，你 会 说 什么？

二、课文 Text

课文 1.

Nǐ shì shénme shíhou shēng de?
A: 你 是 什么 时候 生 的？

Wǒ shì nián yuè rì shēng de.
B: 我 是 2000 年 7 月 5 日 生 的。

Zhēn shì tài qiǎo le! Jīntiān jiùshì yuè rì, zhù nǐ shēngrì kuàilè!
A: 真 是 太 巧 了!今天 就是 7 月 5 日,祝 你 生日 快乐!

Xièxie!
B: 谢谢!

生词 New Words

1. 生 shēng *v.* to give birth to
2. 生日 shēngrì *n.* birthday
3. 太巧了 tài qiǎo le what a coincidence

课文 2.

Tīngshuō nǐ de qīmò kǎoshì chéngjì dōu hěn hǎo.
A: 听说 你 的 期末 考试 成绩 都 很 好。

Shì a, wǒ hěn gāoxìng, yě hěn gǎnxiè lǎoshīmen.
B: 是 啊,我 很 高兴 ,也 很 感谢 老师们。

Zhùhè nǐ!
A: 祝贺 你!

Xièxie!
B: 谢谢!

生词 New Words

4. 期末 qīmò *n.* end of a term
5. 考试 kǎoshì *n.* exam, test
6. 成绩 chéngjì *n.* grade
7. 祝贺 zhùhè *v.* to congratulate

课文 3.

Nǐ xǐhuan xīn xuéxiào ma?
A: 你 喜欢 新 学校 吗?

Wǒ hěn xǐhuan, lǎoshīmen hé tóngxuémen jì rèqíng yòu hàokè.
B: 我 很 喜欢,老师们 和 同学们 既 热情 又 好客。

Shìde, dàjiā dōu huānyíng nǐ.
A: 是的,大家 都 欢迎 你。

Wǒ yě hěn xǐhuan nǐmen, xīwàng hěn kuài néng hé dàjiā rènshi.
B: 我 也 很 喜欢 你们,希望 很 快 能 和 大家 认识。

生词 New Words

8. 喜欢 xǐhuan *v.* to like, to be fond of
9. 热情 rèqíng *adj.* warm, enthusiastic
10. 好客 hàokè *adj.* be hospitable
11. 欢迎 huānyíng *v.* to welcome
12. 希望 xīwàng *v.* to hope
13. 认识 rènshi *v.* to know each other

课文 4.

Nǐ hái jìde dàxué bìyè de shíhou ma?
A: 你 还 记得 大学 毕业 的 时候 吗?

Jìde, nàshí měi ge rén dōu hěn nánguò.
B: 记得,那时 每 个 人 都 很 难过。

Shìde, dàjiā dōu shěbude lí kāi.
A: 是的,大家 都 舍不得 离 开。

Hěn gāoxìng jīntiān wǒmen yòu jiàn miàn le!
B: 很 高兴 今天 我们 又 见 面 了!

生词 New Words

14. 大学 dàxué *n.* university
15. 毕业 bìyè *v.* to graduate
16. 难过 nánguò *adj.* sad
17. 舍不得 shěbude *v.* to hate to part with

三、注释 Notes

1. “既……又……”句型用于形容人或者事物的两方面,而且这两个方面同样重要。

The structure “既……又……” describes two aspects of people or things, and these two aspects are equally important.

例如:

(1)今天买的西瓜既大又甜。

(2)我家的小猫咪既可爱又淘气。

(3)这个小女孩既漂亮又聪明。

(4)这种饮料既好喝又便宜。

2.“很……也很……”句型用于形容人或者事物两个同等重要的特征。该句型和“既……又……”句型可以互换。

The structure “很……也很……” is used to describe two equally important characteristics of people or things. It can be interchangeable with the structure “既……又……”.

例如：

(1)今晚的月亮很大也很圆。

(2)我很饿也很困。

(3)他不仅很聪明也很努力。

四、课堂活动 Activity

游戏：接龙

教师指定一件物品或一位同学，同学们轮流用“既……又……”或者“很……也很……”句型描述该物品或人。

例如：

(1)太阳既大又圆。

(2)他很高也很帅。

五、练习 Exercise

词汇与汉字 Vocabulary and Chinese Characters

（一）根据拼音写汉字

Write Chinese characters according to the *pinyin*.

1. 祝你 shēngrì(　　　　)快乐
2. zhùhè(　　　　)你
3. 我很 xǐhuan(　　　　)
4. 热情 hàokè(　　　　)
5. huānyíng(　　　　)你
6. dàxué(　　　　)毕业

（二）看句子，选择正确的词语填空

Read the sentences and choose the right words to fill in the brackets.

tài qiǎo le　kǎoshì　xīwàng　rènshi　nánguò　rèqíng
A 太巧了　B 考试　C 希望　D 认识　E 难过　F 热情

Hé hǎo péngyou fēnbié, ràng wǒ hěn
1. 和 好 朋友 分别，让 我 很（　）。

Wǒmen jìngrán shì tóng yì tiān de shēngrì.
2.（　）！我们 竟然 是 同 一 天 的 生日。

Yuǎn chù de nàge rén, wǒ hǎoxiàng
3. 远 处 的 那个 人，我 好像（　）。

Tā shì yí ge hàokè de rén.
4. 她 是 一 个（　）好客 的 人。

yǒu yì tiān wǒ néng lái Zhōngguó lǚ yóu.
5.（　）有 一 天 我 能 来 中国 旅游。

（三）选择正确的汉字

Choose the correct Chinese characters.

Nǎinai hěn huan kàn diànshì.
(1)奶奶 很（　）欢 看 电视。　喜　熹

Tiān yīn xià yǔ ràng tā hěn guò.
(2)天 阴 下 雨 让 她 很（　）过。　滩　难

Tā zhōngyú kǎo shàng xué le.
(3)他 终于 考 上（　）学 了。　大　太

Qī chéngjì chūlai le.
(4)期（　）成绩 出来 了。　未　末

语法与句型 Grammar and Sentence Pattern

（一）选择合适的词语完成句子

Choose the proper words and complete the sentences.

piàoliang piányi 漂亮……便宜　gāo shuài 高……帅　shēn lán 深……蓝　dà měi 大……美　jīngcǎi rènao 精彩……热闹

1. Mǎkè hěn ( ) yě hěn ( ).
马克 很(　　)也 很(　　)。

2. Xīnnián wǎnhuì hěn ( ) yě hěn ( ).
新年 晚会 很(　　)也 很(　　)。

3. Zhè zhī bǐ hěn ( ) yě hěn ( ).
这 只 笔 很(　　)也 很(　　)。

4. Zhōngguó hěn ( ) yě hěn ( ).
中国 很(　　)也 很(　　)。

5. Dàhǎi hěn ( ) yě hěn ( ).
大海 很(　　)也 很(　　)。

（二）选择合适的问答

Match the sentences to make dialogues.

A. Tā de shēngrì shì shénme shíhou?
她 的 生日 是 什么 时候？

B. Nǐ hái rènshi wǒ ma?
你 还 认识 我 吗？

C. Nǐ shì shénme shíhou shēng de?
你 是 什么 时候 生 的？

D. Nǐ xǐhuan zhèli ma?
你 喜欢 这里 吗？

1. Wǒ hěn xǐhuan, zhèli jì ānjìng yòu shūshì.
我 很 喜欢，这里 既 安静 又 舒适。　（　）

2. nián yuè rì.
2000 年 3 月 10 日。　（　）

yuè rì.
3. 7月5日。 ( )

Dāngrán rènshi, wǒmen liǎng nián qián jiànguò.
4. 当然 认识,我们 两 年 前 见过。 ( )

(三)将下列词语组成句子

Make up sentences with the following words.

1. 你 很 大家 都 欢迎

______________________________。

2. 既 老师们 热情 同学们 又 和 好客

______________________________。

3. 难过 都很 每个 人

______________________________。

4. 大家 和 认识 能 希望

______________________________。

第三课　请把宿舍打扫一下儿

Please clean the dormitory

一、热身 Warm-up

连一连 Match the Words

dǎsǎo 打扫	chuānghu 窗户
dǎ kāi 打 开	sùshè 宿舍
dié 叠	xīguā 西瓜
cā 擦	yīfu 衣服
qiē 切	zhuōzi 桌子

二、课文 Text

课文 1.

Qǐng bǎ sùshè dǎsǎo yíxiàr, yǒudiǎn zāng.
A: 请 把 宿舍 打扫 一下儿，有点 脏。

Hǎo de, lǎoshī. Wǒmen xiànzài jiù dǎsǎo.
B: 好 的，老师。我们 现在 就 打扫。

Bǎ yīfu yě dié yíxiàr.
A: 把 衣服 也 叠 一下儿。

Hǎo de.
B: 好 的。

生词 New Words

1. 脏 zāng *adj.* dirty
2. 衣服 yīfu *n.* clothes

课文 2.

Lǐ Míng, nǐ zài zuò shénme?
A: 李 明，你 在 做 什么？

Wǒ zài fùxí kǎoshì.
B: 我 在 复习 考试。

Qǐng nǐ guòlai yíxiàr, bāng wǒ bān shāfā.
A: 请 你 过来 一下儿，帮 我 搬 沙发。

Shāoděng yíhuìr, hǎo ma?
B: 稍等 一会儿，好 吗？

Hǎo de, bù zháojí.
A: 好 的，不 着急。

生词 New Words

3. 复习 fùxí *v.* to review
4. 搬 bān *v.* to move
5. 沙发 shāfā *n.* sofa

6. 着急 zháojí *adj.* anxious

课文 3.

Chén Fēng, xiànzài jǐ diǎn le?
A: 陈枫，现在几点了？

Liù diǎn zhōng le, wǒmen yìqǐ qù shítáng chī wǎnfàn ba.
B: 六点钟了，我们一起去食堂吃晚饭吧。

Shāoděng yíhuìr, hǎo ma? Wǒ bǎ zhuōzi cā yíxiàr.
A: 稍等一会儿，好吗？我把桌子擦一下儿。

Hǎo de. Wǒ yě bǎ shū shōushi yíxiàr.
B: 好的。我也把书收拾一下儿。

生词 New Words

7. 桌子 zhuōzi *n.* desk
8. 擦 cā *v.* to wipe

课文 4.

Jīntiān tài rè le, bǎ chuānghù dǎ kāi yíxiàr, hǎo ma?
A: 今天太热了，把窗户打开一下儿，好吗？

Yàome wǒmen kāi kōngtiáo ba, gèng liángkuai.
B: 要么我们开空调吧，更凉快。

Hǎo a. Zhèli de xiàtiān zhēn rè.
A: 好啊。这里的夏天真热。

Shì a. Wǒmen yìqǐ chī xīguā ba.
B: 是啊。我们一起吃西瓜吧。

生词 New Words

9. 窗户 chuānghu *n.* window
10. 空调 kōngtiáo *n.* air conditioner
11. 凉快 liángkuai *adj.* pleasantly cool
12. 西瓜 xīguā *n.* watermelon

三、注释 Notes

1.“把+名词+动词+一下儿”句型 The Structure“把+名词+动词+一下儿”

句型中的名词和动词是动宾关系。该句型表示请求，语气比较温和，也可在句首加“请”使语气更客气。

Noun and verb in this sentence pattern is verb-object relation. This structure is used to show requests with gentle tones. “请” can be added in the front of the sentence pattern to show more politeness.

例如：

(1)把窗户打开一下儿。　　(打开窗户)

(2)把衣服洗一下儿。　　(洗衣服)

(3)请把桌子擦一下儿。　　(擦桌子)

(4)请把宿舍打扫一下儿。　　(打扫宿舍)

2.“……，好吗？” The Structure“……，好吗？”

在表示请求的句子后加“好吗？”，可以使句子更委婉，语气更温和。

Put “好吗？” after a sentence expressing requests, which can make the sentence show more politeness.

例如：

(1)把窗户打开一下儿，好吗？

(2)稍等一会儿，好吗？

(3)请把电视关掉，好吗？

(4)请过来一下儿，好吗？

3.“要么我们+动词+名词+吧” The Structure“要么我们+Verb+Noun+吧”

该句型用于向某人提出建议，一起做某事。

The structure is used to suggest somebody doing something together.

例如：

(1)要么我们开空调吧。

(2)要么我们吃西瓜吧。

(3)要么我们去散步吧。

(4)要么我们坐地铁吧。

四、课堂活动 Activity

编对话:请把宿舍打扫一下儿

两名同学一组,围绕打扫宿舍的话题展开对话。

例如:

A: 我们一起打扫宿舍吧。

B: 好啊。请你把桌子收拾一下儿,我擦一擦。

A: 稍等一下儿,好吗? 我先去扔垃圾。

B: 好的,我去叠衣服。

五、练习 Exercise

词汇与汉字 Vocabulary and Chinese Characters

(一) 根据拼音写汉字

Write Chinese characters according to the *pinyin.*

1. dǎsǎo(　　　)宿舍　　2. 有点儿 zāng(　　　)

3. 吃 xīguā(　　　)　　4. fùxí(　　　)考试

5. 搬 shāfā(　　　)　　6. yìqǐ(　　　)去食堂

(二) 看句子,选择正确的词语填空

Read the sentences and choose the right words to fill in the brackets.

A 衣服 (yīfu)　B 着急 (zháojí)　C 桌子 (zhuōzi)　D 窗户 (chuānghu)　E 收拾 (shōushi)　F 凉快 (liángkuai)

1. Bié　yǒu huà mànmàn shuō.
别(　),有 话 慢慢 说 。

2. Bǎ　shang de huāpíng cā yíxiàr.
把(　)上 的 花瓶 擦 一下儿。

3. Zhè jiàn　zāng le, huàn yí jiàn gānjìng de ba.
这 件(　)脏 了,换 一 件 干净 的 吧。

Xiàle yì zhěng yè de yǔ, zhēn
4. 下了 一 整 夜 的 雨，真（　　）。

Yàome wǒmen yìqǐ sùshè ba, liǎng ge xīngqī méiyǒu dǎsǎo le.
5. 要么 我们 一起（　　）宿舍 吧，两 个 星期 没有 打扫 了。

Bǎ dǎ kāi yíxiàr, hǎo ma?
6. 把（　　）打 开 一下儿，好 吗？

（三）选择正确的汉字

Choose the correct Chinese characters.

Dìdi zài cā zi.
(1)弟弟 在 擦（　　）子。　　卓　桌

yīfu yào jíshí qīngxǐ.
(2)（　　）衣服 要 及时 清洗。　　脏　庄

Bǎ chúfáng shōu yíxiàr.
(3)把 厨房 收（　　）一下儿。　　抬　拾

Wàimiàn guā dà fēng, kuài guānshang chuāng
(4)外面 刮 大 风，快 关上 窗（　　）。　　户　启

语法与句型 Grammar and Sentence Pattern

（一）选择合适的词组，并用“把+名词+动词+一下儿”完成句子

Choose the proper phrases and complete the sentences with“把+名词+动词+一下儿”.

dǎ kāi chuānghu 打 开 窗户	dié yīfu 叠 衣服	dǎsǎo fángjiān 打扫 房间
xǐ wǎn 洗 碗	qiē xīguā 切 西瓜	guān diànshì 关 电视

tōngtōng fēng.
1. ______________________，通通 风。

Qǐng búyào dōu rēng zài chuáng shang.
2. 请______________________，不要 都 扔 在 床 上。

hǎo ma? Wǒmen yìqǐ chī.
3. ______________________，好 吗？我们 一起 吃。

Kànwán xīnwén hòu, qǐng
4. 看完 新闻 后，请________________________。

Mǎ Lì, qǐng tài luàn le.
5. 马 丽，请________________________，太 乱 了。

（二）选择合适的问答

Match the sentences to make dialogues.

Zhāng Xīn, nǐ zài zuò shénme?
A. 张 欣，你 在 做 什么？

Qǐng nǐ bǎ yīnyuè guān diào, hǎo ma? Wǒ zài xiě zuòyè.
B. 请 你 把 音乐 关 掉，好 吗？我 在 写 作业。

Hǎo de, bù zháojí.
C. 好 的，不 着急。

Hǎo a, wǒmen qù yī lóu de chāoshì mǎi.
D. 好 啊，我们 去 一 楼 的 超市 买。

Duìbuqǐ, dǎrǎo nǐ le. Wǒ mǎshàng guān diào.
1. 对不起，打扰 你 了。我 马上 关 掉。 （ ）

Shāoděng yíhuìr, hǎo ma?
2. 稍等 一会儿，好 吗？ （ ）

Wǒ zài chá zìdiǎn, zhège zì wǒ bú rènshi.
3. 我 在 查 字典，这个 字 我 不 认识。 （ ）

Jīntiān zhēn rè, wǒmen yìqǐ qù mǎi bīngqílín ba.
4. 今天 真 热，我们 一起 去 买 冰淇淋 吧。 （ ）

（三）将下列词语组成句子

Make up sentences with the following words.

1. 好吗 把 今天 太热 打开 了 窗户 一下儿

____？

2. 把 打扫 一下儿 宿舍 请 脏 有点儿

____。

3. 你 什么 做 在 李明

____？

4. 空调 吧 开 要么 更 我们 凉快

____。

第四课　这是我第五次来了

This is my fifth visit

一、热身 Warm-up

回答问题 Answer the Questions

Nǐ de xuéhào shì jǐ hào?
1. 你 的 学号 是 几 号？

Nǐ de qīmò kǎoshì chéngjì chūlai le ma? Kǎole dì jǐ míng?
2. 你 的 期末 考试 成绩 出来 了 吗？考了 第 几 名 ？

Dì yī ge huídá wèntí de tóngxué shì shéi?
3. 第 一 个 回答 问题 的 同学 是 谁 ？

Chéngdū gēn Hángzhōu xiāngbǐ, nǎge chéngshì gèng dà yìxiē ne?
4. 成都 跟 杭州 相比，哪个 城市 更 大 一些 呢？

二、课文 Text

课文 1.

Lǐ Míng zài jiàoshì lǐmiàn ma?
A: 李 明 在 教室 里面 吗？

Zài de. Tā jīntiān shì dì yī ge dào jiàoshì de tóngxué.
B: 在的。他今天是第一个到教室的同学。

Tā zuò nǎge zuòwèi?
A: 他坐哪个座位?

Zài nàr, dì èr zǔ dì sān pái.
B: 在那儿,第二组第三排。

生词 New Words

1. 第一 dì yī *num.* first
2. 坐 zuò *v.* to sit
3. 座位 zuòwèi *n.* seat

课文 2.

Qǐngwèn, nǎli kěyǐ mǎidào bǐjìběn?
A: 请问,哪里可以买到笔记本?

Nǐ chéng diàntī dào dì sì céng, nàli kěyǐ mǎidào.
B: 你乘电梯到第四层,那里可以买到。

Xièxie! Nǐ duì zhège shāngchǎng hǎo shúxi.
A: 谢谢!你对这个商场好熟悉。

Bú kèqi! Zhè shì wǒ dì wǔ cì lái le.
B: 不客气!这是我第五次来了。

生词 New Words

4. 笔记本 bǐjìběn *n.* notebook
5. 乘 chéng *v.* to take
6. 电梯 diàntī *n.* elevator
7. 层 céng *m.* used for floors
8. 熟悉 shúxi *adj.* be familiar with

课文 3.

Xiǎolì, zhè liǎng ge bāo nǎge hǎo?
A: 晓莉,这两个包哪个好?

Dì yī ge bǐ dì èr ge hǎokàn, búguò dì èr ge bǐ dì yī ge dà, néng fàng hěn duō shū.
B: 第一个比第二个好看,不过第二个比第一个大,能放很多书。

Shì a, dì yī ge tài xiǎo le, wǒ mǎi dì èr ge ba.
A: 是 啊,第 一 个 太 小 了,我 买 第 二 个 吧。

Ǹg, dì èr ge gèng fāngbiàn shǐyòng.
B: 嗯,第 二 个 更 方便 使用。

生词 New Words

9. 比 bǐ *pron.* than
10. 好看 hǎokàn *adj.* pretty
11. 方便 fāngbiàn *adj.* convenient
12. 使用 shǐyòng *v.* to use

课文 4.

Dàwèi, kèwén de dì liù háng dì sān ge zì dú shénme?
A: 大卫,课文 的 第 六 行 第 三 个 字 读 什么?

Lǎoshī, dú duì ma?
B: 老师, 读"wǎn",对 吗?

Bú duì, zhège zì hěn róngyì dú cuò, yīnggāi dú
A: 不 对,这个 字 很 容易 读 错,应该 读 "wān"。

Suǒyǐ zhège cí dú duì ma?
B: 所以 这个 词 读 "wānyán",对 吗?

Duì de, dú de hěn zhèngquè.
A: 对 的,读 得 很 正确 。

生词 New Words

13. 字 zì *n.* word, character
14. 容易 róngyì *adj.* easy
15. 错 cuò *adj.* wrong
16. 所以 suǒyǐ *conj.* so
17. 正确 zhèngquè *adj.* correct

三、注释 Notes

1. 序数是表示次序的数目,基本表示法通常是在基数词前加"第"。

Ordinal numbers are numerals that express order. The basic usage of ordinal numbers is usually to add “第” before the cardinal numbers.

例如：

(1)今天是放假的第一天。

(2)期末考试晓飞考了第三名。

(3)这是我第四次到中国。

2. 比较句“A 比 B”常用于两种同类事物之间的比较。

The comparative sentence “A 比 B” is often used to compare two things of the same kind.

例如：

(1)今年夏天比去年夏天热。

(2)妹妹比姐姐高一些。

(3)开车比骑自行车快多了。

四、课堂活动 Activity

游戏：排排站

请 10 名同学到教室前面按身高站成两排，通过小游戏让大家学会正确运用序数词表述某个同学在序列中的位置，同时会使用比较句基本句式。

例如：李然站在第二排第五个。李然比凯丽高。

五、练习 Exercise

词汇与汉字 Vocabulary and Chinese Characters

(一) 根据拼音写汉字

Write Chinese characters according to the *pinyin*.

1. chéng(　　　　)公交车　　2. 读 cuò(　　　　)了

3. 回答 zhèngquè(　　　　)　　4. 选 zuòwèi(　　　　)

5. 方便 shǐyòng(　　　　)　　6. 第五 céng(　　　　)

（二）看句子，选择正确的词语填空

Read the sentences and choose the right words to fill in the brackets.

fāngbiàn shúxi suǒyǐ bǐ róngyì zuò
A 方便 B 熟悉 C 所以 D 比 E 容易 F 坐

Běijīng de dōngtiān Kūnmíng de dōngtiān lěng.
1. 北京 的 冬天（　　）昆明 的 冬天 冷。

Tā jiā lí xuéxiào de jùlí tài yuǎn, háizi shàng xué hěn bù
2. 她 家 离 学校 的 距离 太 远，孩子 上 学 很 不（　　）。

Tā yòu huídào le nàge de dìfang.
3. 她 又 回到 了 那个（　　）的 地方。

Xué hǎo Hànyǔ bú shì yí jiàn de shìqing.
4. 学 好 汉语 不 是 一 件（　　）的 事情。

Tāmen zài gōngyuán de yǐzi shang xiūxi le yíhuì.
5. 他们（　　）在 公园 的 椅子 上 休息 了 一会儿。

Wǒ jīntiān zhírì, fàng xué bǐ wǎngcháng wǎn.
6. 我 今天 值日，（　　）放 学 比 往常 晚。

（三）选择正确的汉字

Choose the correct Chinese characters.

Wǒ xǐhuan gōngjiāochē shàng xué.
(1) 我 喜欢（　　）公交车 上 学。　　乖　乘

Zhège zì róngyì xiě
(2) 这个 字 容易 写（　　）。　　错　措

Xiǎo Wáng xuéxí Xiǎo Zhāng nǔlì.
(3) 小 王 学习（　　）小 张 努力。　　此　比

Xiǎomíng bǎ wèi ràng gěi le lǎorén.
(4) 小明 把（　　）位 让 给 了 老人。　　座　坐

语法与句型 Grammar and Sentence Pattern

（一）选择合适的词语完成句子

Choose the proper words and complete the sentences.

hǎo gāo dà rè hòu
好 高 大 热 厚

Zuótiān hěn rè, jīntiān bǐ zuótiān hái
1. 昨天 很 热，今天 比 昨天 还（　　）。

Zhège fángjiān bǐ nàge fángjiān gèng
2. 这个 房间 比 那个 房间 更（　　）。

Zhè běn shū bǐ nà běn shū
3. 这 本 书 比 那 本 书（　　）。

Ér zi bǐ bàba duō le.
4. 儿子 比 爸爸（　　）多 了。

Nǐ xiě de Hànzì bǐ wǒ xiě de
5. 你 写 得 汉字 比 我 写 得（　　）。

（二）选择合适的问答

Match the sentences to make dialogues.

Nǐ de yǎnchū zài dì jǐ ge?
A. 你 的 演出 在 第 几 个？

Cāicai zhàopiàn shang nǎge shì wǒ.
B. 猜猜 照片 上 哪个 是 我。

Yúnnán de shěnghuì shì Kūnmíng, duì ma?
C. 云南 的 省会 是 昆明，对 吗？

Zhè jiàn yīfu wǒ chuānzhe dà le, kěyǐ huàn yí jiàn ma?
D. 这 件 衣服 我 穿着 大 了，可以 换 一 件 吗？

Dì yī pái zuǒbian dì èr ge, duì ma?
1. 第 一 排 左边 第 二 个，对 吗？（　）

Kěyǐ de. Wǒ gěi nín huàn yí jiàn bǐ zhè jiàn xiǎo yì mǎ de.
2. 可以 的。我 给 您 换 一 件 比 这 件 小 一 码 的。（　）

Wǎnhuì yígòng shíyī ge jiémù, wǒ dì qī ge chū chǎng.
3. 晚会 一共 十一 个 节目，我 第 七 个 出 场。 ( )

Huídá zhèngquè. Kūnmíng yòu bèi chēngwéi Chūnchéng.
4. 回答 正确 。昆明 又 被 称为 春城 。 ( )

（三）将下列词语组成句子

Make up sentences with the following words.

1. 成绩　排名　她　在　第二　班上

______________________________。

2. 老师　人生　我　中　的　妈妈　第一个　是

______________________________。

3. 课本　打开　同学们　请　第六课　翻到

______________________________。

4. 太阳　的　地球　大　体积　的　比　体积

______________________________。

第五课　我的假期
My holiday

一、热身 Warm-up

回答问题 Answer the Questions

Jīntiān shì jǐ hào?
1. 今天 是 几 号？

Nǐ shénme shíhou huí lǎojiā?
2. 你 什么 时候 回 老家？

Qǐngwèn xiànzài jǐ diǎn le?
3. 请问 现在 几 点 了？

Nǐ jiàqī yào qù lǚyóu ma?
4. 你 假期 要 去 旅游 吗？

二、课文 Text

课文 1.

Nǐ jiàqī yào qù Hángzhōu lǚyóu ma?
A: 你 假期 要 去 杭州 旅游 吗？

Shìde, xià zhōu yī jiù zǒu.
B: 是的,下 周 一 就 走。

Xī Hú hěn měi, wǒ qùnián bā yuè fèn qùguo.
A: 西 湖 很 美,我 去年 八 月 份 去过。

Wǒ dǎsuàn zài Hángzhōu dāi yì zhōu, yídìng huì qù Xī Hú de.
B: 我 打算 在 杭州 待 一 周,一定 会 去 西 湖 的。

生词 New Words

1. 待 dāi *v.* to stay
2. 杭州 *pn.* Hángzhōu
3. 西湖 *pn.* Xī Hú

课文 2.

Qǐngwèn xiànzài jǐ diǎn le?
A: 请问 现在 几 点 了?

Liù diǎn shíwǔ fēn.
B: 六 点 十五 分。

Diànyǐng hái bù kāichǎng ma?
A: 电影 还 不 开场 吗?

Diànyǐng yào liù diǎn bàn cái kāichǎng ne, hái chà yí kè zhōng.
B: 电影 要 六 点 半 才 开场 呢,还 差 一 刻 钟 。

Diànyǐng shénme shíhou jiéshù ne?
A: 电影 什么 时候 结束 呢?

Bā diǎn sānshí fēn, gòng liǎng ge xiǎoshí.
B: 八 点 三十 分,共 两 个 小时。

Xièxie!
A: 谢谢!

Bú kèqi!
B: 不 客气!

生词 New Words

4. 电影 diànyǐng *n.* film, movie
5. 一刻钟 yí kè zhōng *n.* fifteen minutes, quarter of an hour
6. 开场 kāichǎng *v.* to start

7. 结束 jiéshù *v.* to end, to finish

课文 3.

Xiǎo Zhāng, nǐ huílai le ma?
A: 小 张 ,你 回来 了 吗?

Hái méiyǒu, wǒ zhèngzài cānguǎn chī fàn, chīwán wǒ yào qù chāoshì gòuwù.
B: 还 没有,我 正在 餐馆 吃 饭,吃完 我 要 去 超市 购物。

Wǒ xiǎng zhǎo nǐ shāngliang Zhōngqiū Jié wǎnhuì de shì.
A: 我 想 找 你 商量 中秋 节 晚会 的 事。

Hǎo de, wǒ yì huílai jiù gàosu nǐ.
B: 好 的,我 一 回来 就 告诉 你。

Xíng, děng nǐ diànhuà.
A: 行 ,等 你 电话 。

生词 New Words

8. 餐馆 cānguǎn *n.* restaurant
9. 超市 chāoshì *n.* supermarket
10. 购物 gòuwù *v.* to go shopping
11. 商量 shāngliang *v.* to discuss
12. 晚会 wǎnhuì *n.* the evening party
13. 中秋节 Zhōngqiū Jié *n.* Mid-Autumn Festival

课文 4.

Lǐ Huá, nǐ qiántiān wèi shénme méiyǒu lái shàng kè ne?
A: 李 华 , 你 前天 为 什么 没有 来 上 课 呢?

Qiántiān xià dà yǔ, wǒ chū mén méiyǒu dài sǎn, jiù bèi yǔ lín shī le.
B: 前天 下 大 雨,我 出 门 没有 带 伞 ,就 被 雨 淋 湿 了。

Nǐ gǎnmào le ma?
A: 你 感冒 了 吗?

Shìde, wǒ gǎnmào fā shāo le, suǒyǐ méiyǒu lái shàng kè.
B: 是的,我 感冒 发 烧 了,所以 没有 来 上 课。

Yuánlái shì zhèyàng a!
A: 原来 是 这样 啊!

生词 New Words

14. 前天 qiántiān *n.* the day before yesterday
15. 淋湿 lín shī *v.* to be rained, to get wet
16. 感冒 gǎnmào *v.* to catch a cold
17. 发烧 fā shāo *v.* to have a fever

三、注释 Notes

1. "一……就"句型，强调两个动作前后发生，中间没有间隔。

The sentence pattern "一……就" emphasizes that two actions happen in succession, and there is no interval between them.

例如：

(1)老师一进教室同学们就不讲话了。

(2)小水一放假就回泰国了。

(3)他一回家就睡觉了。

2. "被"字句是指在核心动词前，用介词"被"引出施事的主谓句。"被"字句基本格式是："谁(被动者)被谁(主动者)……"。

The Bei-sentence is the sentence in which the preposition "被" is used before the core verb to lead out the doer of the action. The basic format of Bei-sentence is "谁(the person or thing affected)被谁(doer of the action)...".

例如：

(1)衣服被我洗干净了。

(2)手机被我忘家里了。

(3)笔记本被小明拿走了。

四、课堂活动 Activity

游戏：句型转换

老师举例第一个主动句，然后指定学生将此主动句变为被动句，接着再请该学生说出第二个主动句并指定下一位同学将此主动句变为被动句，以此类推。

例如：我把桌子擦干净了→桌子被我擦干净了。

五、练习 Exercise

词汇与汉字 Vocabulary and Chinese Characters

（一）根据拼音写汉字

Write Chinese characters according to the *pinyin.*

1. dāi(　　)一周
2. 电影 jiéshù(　　)
3. chāoshì(　　)购物
4. Zhōngqiū Jié(　　)晚会
5. 淋 shī(　　)了
6. 感冒 fā shāo(　　)

（二）看句子，选择正确的词语填空

Read the sentences and choose the right words to fill in the brackets.

A shāngliang 商量　B yí kè zhōng 一刻钟　C gòuwù 购物　D jiàqī 假期　E gǎnmào 感冒　F dǎsuàn 打算

1. Nǐ zhōumò (　　) qù nǎli wán?
   你 周末(　　)去 哪里 玩？
2. Wǒ xiǎng hé nǐ (　　) yíxià lǚyóu de shì.
   我 想 和 你(　　)一下 旅游 的 事。
3. Hái yǒu (　　) jiù shàng kè le, nǐ kuàidiǎn, bùrán wǒmen yào chídào le.
   还 有(　　)就 上 课 了，你 快点，不然 我们 要 迟到 了。
4. Wǒ zuótiān tóu téng, yīnggāi shì (　　) le.
   我 昨天 头 疼，应该 是(　　)了。
5. Nǐ xǐhuan zài Táobǎo shang háishi qù chāoshì (　　)?
   你 喜欢 在 淘宝 上 还是 去 超市(　　)？

（三）选择正确的汉字

Choose the correct Chinese characters.

(1) Háng (　　) shì yí ge hěn měi de chéngshì.
杭(　　)是 一 个 很 美 的 城市。

州	洲

yóu shì wǒ de xìngqù àihào.
(2)(　　)游 是 我 的 兴趣 爱好。

Zhège xuéqī zhōngyú jié le.
(3)这个 学期 终于 结(　　)了。

Zhōngguó mǎn dàjiē dōu shì cān
(4) 中国 满 大街 都 是 餐(　　)。

旅	族
速	束
馆	官

语法与句型 Grammar and Sentence Pattern

(一) 把下列句子改成“一……就”句

Change the following sentences into “一……就”.

Wǒ huí jiā. Wǒ xǐ shǒu.
例:我 回 家。我 洗 手。

Wǒ yì huí jiā jiù xǐ shǒu.
我 一 回 家 就 洗 手。

Tā tīngdào zhège xiāoxi. Tā zǒu le.
1. 她 听到 这个 消息。她 走 了。

______________________________。

Wǒ dào Chéngdū. Wǒ xiǎng chī huǒguō.
2. 我 到 成都 。我 想 吃 火锅。

______________________________。

Yǔ tíng. Wǒmen chūfā le.
3. 雨 停 。我们 出发 了。

______________________________。

Wǒmen dào diànyǐngyuàn. Diànyǐng kāishǐ le.
4. 我们 到 电影院 。电影 开始 了。

______________________________。

Fàng jià. Tā huí jiā le.
5. 放 假。她 回 家 了。

______________________________。

Wǒ kànjiàn tā. Wǒ xiào le.
6. 我看见他。我笑了。

________________________________。

（二）选择合适的问答

Match the sentences to make dialogues.

Wǒ hěn xǐhuan Zhōngqiū Jié.
A. 我很喜欢中秋节。

Nǐ jiàqī yǒu shénme dǎsuàn?
B. 你假期有什么打算？

Míngtiān wǒmen qù kàn diànyǐng ba!
C. 明天我们去看电影吧！

Nǐ nǎli bù shūfu ma?
D. 你哪里不舒服吗？

Hái méi xiǎnghǎo, dàn wǒ xiǎng qù Xī Hú kànkan.
1. 还没想好，但我想去西湖看看。 （ ）

Míngtiān wǒ yǒu shì, hòutiān kěyǐ ma?
2. 明天我有事，后天可以吗？ （ ）

Shìde, wǒ fā shāo le.
3. 是的，我发烧了。 （ ）

Wǒ yě shì, kěyǐ shǎng yuèliang, chī yuèbǐng.
4. 我也是，可以赏月亮，吃月饼。 （ ）

（三）将下列词语组成句子

Make up sentences with the following words.

1. 吃　正　我　在　饭　餐馆

________________________________。

2. 商量　你　我　中秋节　找　的　事　晚会　想

________________________________。

3. 没　伞　出门　带　我

________________________________。

4. 结束　呢　什么　电影　时候

________________________________？

第六课　你怎么了
What's wrong with you

一、热身 Warm-up

回答问题 Answer the Questions

Nǐ zěnme qù shàng kè? Zǒu lù háishi qí zìxíngchē?
1. 你 怎么 去 上 课？走 路 还是 骑 自行车？

Nǐ zuótiān zuò shénme le?
2. 你 昨天 做 什么 了？

Yīyuàn lí nǐ jiā yuǎn ma?
3. 医院 离 你 家 远 吗？

Gǎnmào le nǐ huì zěnme bàn?
4. 感冒 了 你 会 怎么 办？

二、课文 Text

课文 1.

Nǐ zěnme le?
A: 你 怎么 了？

Wǒ tóu yǒudiǎnr téng.
B: 我 头 有点儿 疼。

Nǐ shì bu shì gǎnmào le?
A: 你 是 不 是 感冒 了?

Kěnéng shì.
B: 可能 是。

生词 New Words

1. 头 tóu *n.* head
2. 疼 téng *adj.* hurt
3. 可能 kěnéng *aux.* probably

课文 2.

Nǐ nǎli bù shūfu?
A: 你 哪里 不 舒服?

Wǒ tóu téng、késou.
B: 我 头 疼、咳嗽。

Fā shāo ma?
A: 发 烧 吗?

Bù fā shāo, dànshì méi lìqì.
B: 不 发 烧,但是 没 力气。

生词 New Words

4. 舒服 shūfu *adj.* comfortable
5. 咳嗽 késou *v.* to cough

课文 3.

Nǐ yào qù nǎr?
A: 你 要 去 哪儿?

Wǒ yào qù yīyuàn, zuótiān wǒ de jiějie shēng bìng le.
B: 我 要 去 医院,昨天 我 的 姐姐 生 病 了。

Nǐ zěnme qù?
A: 你 怎么 去?

Wǒ zuò gōnggòng qìchē qù.
B: 我 坐 公共 汽车 去。

生词 New Words

6. 医院 yīyuàn *n.* hospital
7. 昨天 zuótiān *n.* yesterday
8. 生病 shēng bìng *v.* to get ill
9. 公共汽车 gōnggòng qìchē *n.* bus

课文 4.

Qǐngwèn, fùjìn yǒu fànguǎn ma?
A: 请问，附近 有 饭馆 吗？

Méiyǒu, nǐ yào zài nàr zuò dìtiě èr hào xiàn.
B: 没有，你 要 在 那儿 坐 地铁 二 号 线。

Hǎo de. Zuò jǐ zhàn?
A: 好 的。坐 几 站？

Zuò liǎng zhàn jiù dào le, zài lù de duìmiàn.
B: 坐 两 站 就 到 了，在 路 的 对面。

生词 New Words

10. 附近 fùjìn *n.* nearby
11. 地铁 dìtiě *n.* subway
12. 站 zhàn *n.* station, stop
13. 路 lù *n.* road, way

三、注释 Notes

1.“你是不是+动词/动词词组+了” The Structure “你是不是 Verb/Verbal Phrase+了”

“你是不是+动词/动词词组+了”表示说话人根据细节或证据进行的推测。

The structure “你是不是+Verb/Verbal Phrase+了” indicates the speaker's speculation according to details or evidence.

例如：

(1)你是不是睡着了？

(2)你是不是吃火锅了？

(3)你是不是到宿舍了?

(4)你是不是回国了?

2.“昨天+某人+动词/动词词组+了” The Structure“昨天+Sb.+Verb/Verbal Phrase+了”

(1)此句型用于过去时态,表示某人在昨天做过的事情。

This sentence pattern is used in the past tense to indicate the matter that someone did yesterday.

例如:

时间状语 Time Adverbial	主语 Subject	动词/动词短语 Verb/Verbal Phrase	了
昨天	我	去游泳	了。
昨天	你	去哪儿	了?
昨天	李明	感冒	了。

(2)句子中的时间状语和主语的位置可以互换,意思不变。

The position of the subject and the time adverbial can be exchanged without changing the sentence meaning.

例如:

主语 Subject	时间状语 Time Adverbial	动词/动词短语 Verb/Verbal Phrase	了
我	昨天	去游泳	了。
你	昨天	去哪儿	了?
李明	昨天	感冒	了。

(3)此句型的否定形式为:去掉“了”,在动词/动词词组前加“没有”或者“没”。

The negative form of the structure: delete “了” and add “没有/没” before the verb/verbal phrase.

例如:

主语 Subject	时间状语 Time Adverbial	没有/没	动词/动词短语 Verb/Verbal Phrase
我	昨天	没有	去游泳。
李明	昨天	没	感冒。

(4)此句型的疑问形式为:在“了”后面加“吗”。

The question form of the structure: add “吗” after “了”.

例如:

主语 Subject	时间状语 Time Adverbial	动词/动词词组 Verb/Verbal Phrase	了吗?
你	昨天	去游泳	了吗?
李明	昨天	感冒	了吗?

3.“你怎么去+地点?” The Structure“你怎么去+place?”

“你怎么去+地点?”用来询问去某地时使用的交通工具。回答时用“坐/乘/骑+交通工具+去”句型。

“你怎么去+place?” is used to ask about the transportation to someplace. We can use the structure “坐/乘/骑+transportation+去” to answer the question.

例如:

(1) A: 你怎么去学校?

B: 我坐地铁去。

(2) A: 你怎么去图书馆?

B: 我骑自行车去。

(3) A: 你怎么去拉萨?

B: 我乘火车去。

(4) A: 你怎么去医院?

B: 我坐出租车去。

四、课堂活动 Activity

编对话:你怎么了?

两名同学一组，一名同学扮演医生，另一名同学扮演患者，询问身体情况，然后交换角色。

例如：

医生：你怎么了？

患者：我咳嗽。

医生：你是不是发烧了？

患者：是的。

五、练习 Exercise

词汇与汉字 Vocabulary and Chinese Characters

（一）根据拼音写汉字

Write Chinese characters according to the *pinyin*.

1. 头有点儿 téng(　　　)　　2. 是不是gǎnmào(　　　)了
3. 不 shūfu(　　　)　　4. 去 yīyuàn(　　　)
5. zěnme(　　　)去　　6. fùjìn(　　　)有饭馆

（二）看句子，选择正确的词语填空

Read the sentences and choose the right words to fill in the brackets.

shì bu shì　téng　shēng bìng　gōnggòng qìchē　fùjìn　shūfu
A 是不是　B 疼　C 生病　D 公共汽车　E 附近　F 舒服

Liú Yuè　le, méi lái shàng kè.
1. 刘月(　)了，没来上课。

Wǒ zuò　qù xuéxiào.
2. 我坐(　)去学校。

yǒu yínháng ma?
3. (　)有银行吗？

Nǐ zěnme le?　gǎnmào le?
4. 你怎么了？(　)感冒了？

Tā de tóu hěn
5. 他 的 头 很(　　)。

Nǐ nǎli bù
6. 你 哪里 不(　　)?

(三) 选择正确的汉字

Choose the correct Chinese characters.

Xiǎomíng shì bu shì gǎn le?
(1) 小明 是 不 是 感(　　)了?

冒　昌

Lǐ Huá zuótiān kě qù yóu yǒng le.
(2) 李 华 昨天 可(　　)去 游 泳 了。

熊　能

Wǒ dìtiě qù.
(3) 我(　　)地铁 去。

坐　座

Qǐngwèn, jìn yǒu chāoshì ma?
(4) 请问,(　　)近 有 超市 吗?

付　附

语法与句型 Grammar and Sentence Pattern

(一) 选择合适的词语，并用“坐/乘/骑+交通工具”完成句子

Choose the proper words and complete the sentences with “坐/乘/骑+transportation”.

fēijī dìtiě gōnggòng qìchē lúnchuán mótuōchē zìxíngchē
飞机 地铁 公共 汽车 轮船 摩托车 自行车

Wǒ cóng sùshè chūfā, qù shàng kè.
1. 我 从 宿舍 出发,(　　)去 上 课。

Zhāng Fēng qù Yīngguó le.
2. 张 峰(　　)去 英国 了。

Nǐ kěyǐ qù, zuò liǎng zhàn jiù dào le.
3. 你 可以(　　)去,坐 两 站 就 到 了。

Zuótiān Wáng Fāng qù shūdiàn le, wǒ zài dìtiězhàn kàndào tā le.
4. 昨天 王 芳(　　)去 书店 了,我 在 地铁站 看到 她 了。

Tāmen dùguò Cháng Jiāng.
5. 他们(　　　)渡过 长 江。

(二) 选择合适的问答

Match the sentences to make dialogues.

Wǒ fā shāo, késou.
A. 我 发 烧,咳嗽。

Méiyǒu, wǒ zuótiān qù yóu yǒng le.
B. 没有,我 昨天 去 游 泳 了。

Zhǐ shèng bàn ge xiǎoshí le, nǐ zěnme qù huǒchēzhàn?
C. 只 剩 半 个 小时 了,你 怎么 去 火车站?

Nǐ shì bu shì chī huǒguō le?
D. 你 是 不 是 吃 火锅 了?

Wǒ zuò chūzūchē qù. Hěn kuài de.
1. 我 坐 出租车 去。很 快 的。 (　)

Shìde, zài lù duìmiàn nà yì jiā fànguǎn chī de.
2. 是的,在 路 对面 那 一 家 饭馆 吃 的。 (　)

Nǐ nǎli bù shūfu?
3. 你 哪里 不 舒服? (　)

Nǐ zuótiān qù kàn diànyǐng le ma?
4. 你 昨天 去 看 电影 了 吗? (　)

(三) 将下列词语组成句子

Make up sentences with the following words.

1. 是 感冒 不是 你 了

______________________________?

2. 但是 力气 不 发烧 没

______________________________。

3. 昨天 生病 我的 了 姐姐

______________________________。

4. 饭馆 吗 有 请问 附近

______________________________?

第七课　我们坐飞机还是高铁去

Shall we go by plane or by high-speed railway

一、热身 Warm-up

回答问题 Answer the Questions

Nǐ sòngguo de zuì yǒu yìsi de lǐwù shì shénme? Sòng gěi shéi?
1. 你 送过 的 最 有 意思 的 礼物 是 什么？送 给 谁？

Nǐ shōudào de zuì nánwàng de lǐwù shì shénme? Shéi sòng de?
2. 你 收到 的 最 难忘 的 礼物 是 什么？谁 送 的？

Nǐ zuì xǐhuan de yí dào jiāxiāng cài hé yí dào Zhōngguó cài fēnbié shì shénme?
3. 你 最 喜欢 的 一 道 家乡 菜 和 一 道 中国 菜 分别 是 什么？

Qǐng jièshào yí ge nǐ zuì xǐhuan de dìfang.
4. 请 介绍 一 个 你 最 喜欢 的 地方。

二、课文 Text

课文 1.

Měi nián de jiǔ yuè shí rì shì Jiàoshī Jié.
A: 每 年 的 九 月 十 日 是 教师 节。

Hòutiān jiù shì Jiàoshī Jié le.
B: 后天 就 是 教师 节 了。

Wǒmen yīnggāi zhù lǎoshī jiérì kuàilè.
A: 我们 应该 祝 老师 节日 快乐。

Wǒmen yìqǐ sònggěi lǎoshī yí shù huā ba.
B: 我们 一起 送给 老师 一 束 花 吧。

生词 New Words

1. 教师节 Jiàoshī Jié *n.* Teachers' Day
2. 应该 yīnggāi *v.* should
3. 束 shù *n.* (*used for flowers*)bunch

课文 2.

Xiǎo Zhāng xiàzhōu yào huí guó le.
A: 小 张 下周 要 回 国 了。

Zhēn shěbude tā, gēn tā zuò tóngxué hěn kāixīn.
B: 真 舍不得 他,跟 他 做 同学 很 开心。

Shìde, tā hěn lèyì bāngzhù biérén.
A: 是的,他 很 乐意 帮助 别人。

Dào shíhou wǒmen yìqǐ qù sòng tā ba.
B: 到 时候 我们 一起 去 送 他 吧。

生词 New Words

4. 乐意 lèyì *v.* be willing to

课文 3.

Lǐ Wén, nǐ xǐhuan chī nǎli de cài?
A: 李 文 ,你 喜欢 吃 哪里 的 菜?

Wǒ ài chī là, suǒyǐ juéde Sìchuān cài hǎochī.
B: 我 爱 吃 辣,所以 觉得 四川 菜 好吃。

Wǒ xǐhuan qīngdàn de Shànghǎi cài, méiyǒu Sìchuān cài nàme là.
A: 我 喜欢 清淡 的 上海 菜,没有 四川 菜 那么 辣。

Shìde, dànshì bǐ Sìchuān cài guì yì diǎn.
B: 是的,但是 比 四川 菜 贵 一 点。

生词 New Words

5. 辣 là *adj.* spicy
6. 清淡 qīngdàn *adj.* light

课文 4.

Wáng Lè, fàngjià wǒmen yìqǐ qù Yúnnán lǚxíng ba!
A: 王 乐,放假 我们 一起 去 云南 旅行 吧!

Hǎo a! Wǒ yìzhí xiǎng qù Yúnnán, nàli yǒu yǔlín hé xuěshān.
B: 好 啊!我 一直 想 去 云南,那里 有 雨林 和 雪山。

Wǒmen zuò fēijī háishi gāotiě qù?
A: 我们 坐 飞机 还是 高铁 去?

Zuò fēijī kěyǐ kuàidiǎn dàodá, zuò gāotiě bǐjiào piányi, hái kěyǐ kàn fēngjǐng.
B: 坐 飞机 可以 快点 到达,坐 高铁 比较 便宜,还 可以 看 风景。

生词 New Words

7. 旅行 lǚxíng *v.* to travel
8. 雨林 yǔlín *n.* rainforest
9. 雪山 xuěshān *n.* snowy mountain
10. 高铁 gāotiě *n.* high-speed railway

三、注释 Notes

1. 比较句(2):“没有” Comparison Sentence With “没有”

表示比较的“没有”字句是表示比较的“比”字句的否定式。例如:A+没有+B+这么/那么+形容词。

Comparative sentence with “没有” is the negative form of a comparative sentence with

“比”. For example: A+没有+B+这么/那么+Adj.

例如：

(1)上海菜没有四川菜这么/那么辣。

(2)昆明没有成都这么/那么热。

(3)橙子没有草莓这么/那么贵。

2. 用“还是”的选择疑问句　Alternative Question With“还是”

这种疑问句用“还是”并列几种情况，要求选择其中之一作为答案。

This type of questions have several alternatives connected by the conjunction “还是” for the answer to choose from.

例如：

(1)你喝茶还是咖啡？　咖啡。

(2)你去还是他去？　他去。

(3)下节课是听力还是阅读？　听力。

四、课堂活动 Activity

老师说一个主题，如“年龄”，请两位同学分别说一个句子“我（今年）X 岁。”再请一位同学用“……比……”或“……没有……”或“……还是……”造句。

五、练习 Exercise

词汇与汉字 Vocabulary and Chinese Characters

（一）根据拼音写汉字

Write Chinese characters according to the *pinyin*.

1. 教 shī(　　) Jié(　　)　　2. 一 shù(　　)花

3. 舍 bu(　　) de(　　)　　4. 太 là(　　)了

5. 旅 xíng(　　)　　6. gāo tiě(　　)

（二）看句子，选择正确的词语填空

Read the sentences and choose the right words to fill in the brackets.

A 应该(yīnggāi)　B 束(shù)　C 清淡(qīngdàn)　D 辣(là)　E 旅行(lǚxíng)　F 高铁(gāotiě)

Hěn qīdài jiàqī néng hé tóngxuémen yìqǐ qù
1. 很 期待 假期 能 和 同学们 一起 去(　　)。

Wǒmen quánbān sònggěi Wáng lǎoshī yì xiānhuā.
2. 我们 全班 送给 王 老师 一(　　)鲜花。

Nǐ dàole xuéxiào dǎ ge diànhuà gàosu jiārén.
3. 你 到了 学校(　　)打 个 电话 告诉 家人。

Wǒ juéde bù shūfu, yīshēng ràng wǒ jǐnliàng chī de shíwù.
4. 我 觉得 不 舒服,医生 让 我 尽量 吃(　　)的 食物。

Chéng lǚyóu hěn fāngbiàn, cóng zhèli dào Dàlǐ zhǐyào liǎng ge duō xiǎoshí.
5. 乘(　　)旅游 很 方便 ,从 这里 到 大理 只要 两 个 多 小时。

Sìchuān cài hé Húnán cài dōu bǐjiào
6. 四川 菜 和 湖南 菜 都 比较(　　)。

（三）选择正确的汉字

Choose the correct Chinese characters.

Zhè méiguī zhēn měi.
(1)这(　　)玫瑰 真 美。　　束　柬

Zuótiān chī de huǒguō tài le.
(2)昨天 吃 的 火锅 太(　　)了。　　辨　辣

Wǒ yìzhí xiǎng qù Xīzàng xíng.
(3)我 一直 想 去 西藏(　　)行。　　旅　族

Wǒmen yīng qù kànkan Lǐ lǎoshī.
(4)我们 应(　　)去 看看 李 老师。　　该　咳

语法与句型 Grammar and Sentence Pattern

（一）选择合适的词语，完成比较句

Choose the proper words and complete the comparison sentences.

bǐ　　méiyǒu　　háishi
比　　没有　　还是

Tā　wǒ dà jǐ suì.
1. 她(　　)我 大 几 岁。

Xiāngjiāo sì yuán, píngguǒ sān yuán, píngguǒ　xiāngjiāo guì.
2. 香蕉 四 元 ,苹果 三 元 ,苹果(　　)香蕉 贵。

Nǐ hē chá　guǒzhī?
3. 你 喝 茶(　　)果汁?

Nǐ xǐhuan chī bāozi　jiǎozi?
4. 你 喜欢 吃 包子(　　)饺子?

Jīntiān tài lěng le,　zuótiān hái lěng.
5. 今天 太 冷 了,(　　)昨天 还 冷 。

（二）选择合适的问答

Match the sentences to make dialogues.

Xiàwǔ nǐ yǒu shì ma? Wǒmen yìqǐ qù kàn diànyǐng ba.
A. 下午 你 有 事 吗?我们 一起 去 看 电影 吧。

Zài sùshè xiūxi huòzhě gēn péngyou yìqǐ chūqu wánr.
B. 在 宿舍 休息 或者 跟 朋友 一起 出去 玩儿。

Nǐ cháng qù xuéxiào shítáng chī zǎofàn ma?
C. 你 常 去 学校 食堂 吃 早饭 吗?

Qiǎn yánsè de piàoliang.　wǒ shìshi kěyǐ ma?
D. 浅 颜色 的 漂亮 。……我 试试 可以 吗?

Hěn shǎo qù, wǒ cháng zài sùshè chī zǎofàn.
1. 很 少 去,我 常 在 宿舍 吃 早饭。　(　)

Nǐ zhōumò yìbān zěnme guò?
2. 你 周末 一般 怎么 过?　(　)

Tīngshuō zuìjìn yǒu hěn duō hǎokàn de diànyǐng, wǒmen kàn nǎ yí bù hǎo ne?
3. 听说 最近 有 很 多 好看 的 电影 ,我们 看 哪 一 部 好 呢? ( )

Nǐ yào qiǎn yánsè de háishi shēn yánsè de?
4. 你 要 浅 颜色 的 还是 深 颜色 的? ( )

（三）将下列词语组成句子

Make up sentences with the following words.

1. 九月十日 的 教师节 是 每年

______________________________。

2. 吧 我们 到时候 送 一起 他 去

______________________________。

3. 上海菜 一点 比 辣 四川菜

______________________________。

4. 去 飞机 我们 高铁 坐 呢 还是 坐 去

______________________________?

第八课　你有什么建议
What do you suggest

一、热身 Warm-up

回答问题 Answer the Questions

Nǐ zhīdào Kūnmíng de Cuìhú Gōngyuán ma?
1. 你 知道 昆明 的 翠湖 公园 吗？

Nǐ zhù de dìfang lí xuéxiào yuǎn bu yuǎn? Nǐ zěnme lái xuéxiào?
2. 你 住 的 地方 离 学校 远 不 远 ?你 怎么 来 学校 ？

Nǐ huì yòng Táobǎo mǎi dōngxi ma?
3. 你 会 用 淘宝 买 东西 吗？

Nǐ xǐhuan chángfà háishi duǎnfà?
4. 你 喜欢 长发 还是 短发?

二、课文 Text

课文 1.

Kuài yào dào Láodòng Jié le, fàng sān tiān jià, nǐ yǒu shénme ānpái?
A: 快 要 到 劳动 节 了,放 三 天 假,你 有 什么 安排?

Wǒ hái méi xiǎnghǎo, nǐ yǒu shénme jiànyì?
B: 我 还 没 想好,你 有 什么 建议?

Wǒmen qù Cuìhú Gōngyuán wánwan ba. Jiù zài shìzhōngxīn érqiě bù shōu qián, zěnmeyàng?
A: 我们 去 翠湖 公园 玩玩 吧。就 在 市中心 而且 不 收 钱,怎么样?

Hǎo zhǔyi!
B: 好 主意!

生词 New Words

1. 建议 jiànyì *n.* propose, suggest, advice
2. 市中心 shìzhōngxīn *n.* downtown area
3. 而且 érqiě *con.* but (also), and that
4. 收 shōu *v.* to collect
5. 主意 zhǔyi *n.* idea, plan
6. 翠湖公园 Cuìhú Gōngyuán *pn.* Green Lake Park (or Cui Hu Park)
7. 劳动节 Láodòng Jié *n.* International Labour Day

课文 2.

Nǐ zěnme yòu chídào le?
A: 你 怎么 又 迟到 了?

Ài, wǒ zhù de fángzi lí xuéxiào tài yuǎn le.
B: 唉,我 住 的 房子 离 学校 太 远 了。

Wèi shénme bú huàn ge fángzi ne?
A: 为 什么 不 换 个 房子 呢?

Lí xuéxiào jìn de fángzi zūjīn yǒudiǎnr guì.
B: 离 学校 近 的 房子 租金 有点儿 贵。

Kěshì jīngcháng chídào huì yǐngxiǎng xuéxí, háishi zhù jìn diǎnr hǎo.
A: 可是 经常 迟到 会 影响 学习,还是 住 近 点儿 好。

Nǐ shuō de duì.
B: 你 说 得 对。

生词 New Words

8. 迟到 chídào *v.* to be late
9. 换 huàn *v.* to change
10. 租金 zūjīn *n.* rent

11. 经常 jīngcháng *adv.* often
12. 影响 yǐngxiǎng *v.* to influence

课文 3.

Wǒ zài guàng Táobǎo, xuéxí zěnme yòng shǒujī mǎi dōngxi.
A: 我 在 逛 淘宝，学习 怎么 用 手机 买 东西。

Nǐ xiǎng mǎi shénme?
B: 你 想 买 什么？

Wǒ xiǎng gěi nǚ péngyou mǎi fèn shēngrì lǐwù, hái méi xiǎnghǎo mǎi shénme.
A: 我 想 给 女 朋友 买 份 生日 礼物，还 没 想好 买 什么。

Zuì hǎo mǎi tā xǐhuan de dōngxi.
B: 最 好 买 她 喜欢 的 东西。

Nǐ shuō de duì. Nà jiù mǎi kǒuhóng ba.
A: 你 说 得 对。那 就 买 口红 吧。

生词 New Words

13. 用 yòng *v.* to use
14. 礼物 lǐwù *n.* gift, present
15. 最好 zuì hǎo *adv.* had better
16. 口红 kǒuhóng *n.* lipstick

课文 4.

Zài lǐfàdiàn
（在 理发店）

Nǐ hǎo, nǐ xiǎng jiǎn shénme fàxíng?
A: 你 好，你 想 剪 什么 发型？

Wǒ xiǎng jiǎn duǎnfà, huì bu huì bù hǎokàn?
B: 我 想 剪 短发，会 不 会 不 好看？

Wǒ rènwéi bú yào tài duǎn jiù méi wèntí. Zhè me cháng, zěnmeyàng?
A: 我 认为 不 要 太 短 就 没 问题。这 么 长 ，怎么样？

Kěyǐ.
B: 可以。

Wǒ jiànyì nǐ zài rǎn yíxià gèng hǎokàn.
A: 我 建议 你 再 染 一下 更 好看。

Wǒ bù xiǎng rǎn tóufa.
B: 我 不 想 染 头发。

生词 New Words

17. 剪 jiǎn *v.* to cut (with scissors)
18. 发型 fàxíng *n.* hairstyle
19. 短 duǎn *adj.* short
20. 认为 rènwéi *v.* to think
21. 染 rǎn *v.* to dye

三、注释 Notes

1. 提建议的常用句型有"……吧。""……怎么样?""为什么不……""还是……好。""最好……""我认为……""我建议……"等等。

The common sentence patterns for giving advice are "……吧。" "……怎么样?" "为什么不……" "还是……好。" "最好……" "我认为……" "我建议……"etc.

例如:

(1)我建议再试一次。

(2)为什么不换个房子呢?

(3)还是住近点好。

(4)最好买她喜欢的东西。

(5)我认为不要太短就没问题。

2. "而且" 的用法 The Usage of "而且"

"而且"可连接词、短语、句子或语段,表示进一步。

"而且"can be used to connect words, phrases, sentences or paragraphs, which indicates progressive.

例如:

(1)这条裙子很漂亮而且很便宜。

(2)翠湖公园就在市中心而且不收钱。

(3)有没有离学校近而且便宜的房子?

四、课堂活动 Activity

游戏：我该怎么办？

请一位同学假设一个需要帮助的场景，例如钱包丢了或者假期想去旅游，然后询问其他同学意见，同学需要用到"……吧。""……怎么样？""为什么不……""还是……好。""最好……""我认为……""我建议……"等句型来提出意见。

五、练习 Exercise

词汇与汉字 Vocabulary and Chinese Characters

（一）根据拼音写汉字

Write Chinese characters according to the *pinyin*.

1. 你有什么 jiànyì(　　)
2. 好 zhǔyi(　　)
3. jīngcháng(　　)迟到
4. 生日 lǐwù(　　)
5. 我 rènwéi(　　)
6. 剪 duǎn(　　)发

（二）看句子，选择正确的词语填空

Read the sentences and choose the right words to fill in the brackets.

A 影响 (yǐngxiǎng)　B 而且 (érqiě)　C 最好 (zuì hǎo)　D 租金 (zūjīn)　E 发型 (fàxíng)　F 市中心 (shìzhōngxīn)

1. 最近 流行 这 种（　　）。
Zuìjìn liúxíng zhè zhǒng

2. 你 知道 怎么 去(　　) 吗？
Nǐ zhīdào zěnme qù ma?

3. 你(　　)问 清楚 时间 再 买 机票。
Nǐ wèn qīngchǔ shíjiān zài mǎi jīpiào.

4. 这 种 饮料 不仅 好喝(　　)健康 。
Zhè zhǒng yǐnliào bùjǐn hǎohē jiànkāng.

Zhège xiǎoqū de hǎo guì a!
5. 这个 小区 的(　　)好 贵 啊!

（三）选择正确的汉字

Choose the correct Chinese characters.

Shǒujī wán duō le huì xiǎng shìlì.
(1)手机 玩 多 了 会(　　)响 视力。　　影　形

Nǐ zuì hǎo qù ge fàxíng.
(2)你 最 好 去(　　)个 发型。　　换　焕

Zhège yì búcuò!
(3)这个(　　)意 不错!　　注　主

Xièxie nǐ sòng wǒ de wù.
(4)谢谢 你 送 我 的(　　)物。　　礼　孔

语法与句型 Grammar and Sentence Pattern

（二）请把下列句子改成"而且"句型

Please change the following sentences into the sentence pattern of "而且".

Fēng hěn dà hěn lěng.
例：风 很 大 很 冷。

Fēng hěn dà érqiě hěn lěng.
风 很 大 而且 很 冷。

Wǒ hěn kùn yě hěn lèi.
1. 我 很 困 也 很 累。

________________________。

Zhè zhī gǒu hěn guāi yě hěn cōngming.
2. 这 只 狗 很 乖 也 很 聪明 。

________________________。

Kūnmíng sìjìrúchūn, jǐngsè yōuměi.
3. 昆明 四季如春，景色 优美。

________________________________。

Shǒujī zhīfù fāngbiàn yòu kuàijié.
4. 手机 支付 方便 又 快捷。

________________________________。

Zhège jiǔdiàn yòu gānjìng yòu piányi.
5. 这个 酒店 又 干净 又 便宜。

________________________________。

Xiǎo Zhāng huì kāi chē yě huì xiū chē.
6. 小 张 会 开 车 也 会 修 车。

________________________________。

（二）选择合适的问答

Match the sentences to make dialogues.

Nǐ zuì hǎo zhù de lí xuéxiào jìn xiē.
A. 你 最 好 住 的 离 学校 近 些。

Shǔjià nǐ yǒu shénme jìhuà?
B. 暑假 你 有 什么 计划？

Nǐ juéde Zhōngwén nán xué ma?
C. 你 觉得 中文 难 学 吗？

Nǎ yì zhǒng shǒujī zhīfù bǐjiào fāngbiàn ne?
D. 哪 一 种 手机 支付 比较 方便 呢？

Nán! Zhǐyào nǐ kèkǔ nǔlì, yídìng néng xué hǎo de.
1. 难！只要 你 刻苦 努力，一定 能 学 好 的。 （ ）

Zhīfùbǎo huòzhě Wēixìn dōu hěn fāngbiàn.
2. 支付宝 或者 微信 都 很 方便 。 （ ）

Wǒ xiǎng qù lǚyóu, duō liǎojiě xià Zhōngguó de chéngshì.
3. 我 想 去 旅游，多 了解 下 中国 的 城市 。 （ ）

Wǒ yě zhème xiǎng de, zhèyàng shàng xué fāngbiàn xiē, bú huì chídào.
4. 我 也 这么 想 的，这样 上 学 方便 些，不 会 迟到。 （ ）

（三）将下列词语组成句子

Make up sentences with the following words.

1. 不要　可以　太短　我　就　认为

____。

2. 生日　我　女朋友　想　礼物　给　买个

____。

3. 换个　为什么　不　房子　呢

____？

4. 建议　什么　你　有

____？

第九课　我是骑共享电动车回来的

I came back by shared e-bike

一、热身 Warm-up

回答问题 Answer the Questions

Nǐ zhōumò chūqu le ma? Qùle shénme dìfang?
1. 你 周末 出去 了 吗?去了 什么 地方?

Nǐ shì zěnme lái xuéxiào de?
2. 你 是 怎么 来 学校 的?

Nǐ xǐhuan pá shān ma?
3. 你 喜欢 爬 山 吗?

Nǐ zhīdào gòngxiǎng diàndānchē ma?
4. 你 知道 共享 电单车 吗?

二、课文 Text

课文 1.

Nǐ shénme shíhou huília de?
A: 你 什么 时候 回来 的?

Wǔ diǎn bú dào.
B: 五 点 不 到。

Jīntiān zhème zǎo, dǎ chē huília de ma?
A: 今天 这么 早，打 车 回来 的 吗？

Bú shì, wǒ qí gòngxiǎng diàndānchē huília de. Kě kuài le!
B: 不 是，我 骑 共享 电单车 回来 的。可 快 了！

生词 New Words

1. 打车 dǎ chē *v.* to take a taxi
2. 骑 qí *v.* to ride
3. 共享 gòngxiǎng *adj.* sharing
4. 电单车 diàndānchē *n.* e-bike
5. 可 kě *adv.* so

课文 2.

Jīnwǎn de pàiduì shì diǎn ma?
A: 今晚 的 派对 是 6 点 吗？

Shìde, wǒ dǎsuàn dài shuǐguǒ shālā hé kǎojī qù.
B: 是的，我 打算 带 水果 沙拉 和 烤鸡 去。

Shì zài chāoshì mǎi de ma?
A: 是 在 超市 买 的 吗？

Kǎojī shì mǎi de, shuǐguǒ shālā shì wǒ zuò de.
B: 烤鸡 是 买 的，水果 沙拉 是 我 做 的。

Nǐ tài bàng le! Wǒ mǎile yí ge dàngāo hé yì píng hóngjiǔ.
A: 你 太 棒 了！我 买了 一 个 蛋糕 和 一 瓶 红酒。

生词 New Words

6. 派对 pàiduì *n.* party
7. 沙拉 shālā *n.* salad
8. 烤 kǎo *v.* to bake, to toast
9. 瓶 píng *m.* bottle(of)
10. 红酒 hóngjiǔ *n.* red wine

课文 3.

Zhōumò wǒmen qù pá Xī Shān le. Kàn, zhè shì zài Lóngmén pāi de zhàopiàn.
A: 周末 我们 去 爬 西 山 了。看，这 是 在 龙门 拍 的 照片 。

Tài zàn le! Kěyǐ kàndào Kūnmíng de quánjǐng.
B: 太 赞 了！可以 看到 昆明 的 全景 。

Shìde, pá shān hěn lèi, dànshì shān shang de fēngjǐng hěn měi.
A: 是的，爬 山 很 累，但是 山 上 的 风景 很 美。

Nǐmen shì zěnme qù de?
B: 你们 是 怎么 去 的？

Wǒmen shì zuò dìtiě qù de.
A: 我们 是 坐 地铁 去 的。

生词 New Words

11. 爬 pá *v.* to climb
12. 太赞了 tài zàn le great, awesome, amazing
13. 全景 quánjǐng *n.* overall view, whole scene
14. 风景 fēngjǐng *n.* scenery, view

课文 4.

Tīngshuō nǐ jiàqī chūqu lǚyóu le?
A: 听说 你 假期 出去 旅游 了？

Shìde, wǒ gēn péngyou yìqǐ qùle Tàiguó.
B: 是的，我 跟 朋友 一起 去了 泰国。

Wǒ kàndào nǐ fāle hěn duō zhàopiàn, shì qù Màngǔ le ma?
A: 我 看到 你 发了 很 多 照片 ，是 去 曼谷 了 吗？

Méi cuò, zài Màngǔ guàngguang shāngchǎng, chīchi měishí, tèbié kāixīn. Nǐ kàn zhè jiàn xù
B: 没 错，在 曼谷 逛逛 商场 ，吃吃 美食，特别 开心。你 看 这 件 T-恤

jiù shì zài Màngǔ mǎi de, hǎokàn ma?
就 是 在 曼谷 买 的，好看 吗？

Zhēn hǎokàn. Wǒ yě xiǎng qù Màngǔ guàngguang、chīchi.
A: 真 好看。我 也 想 去 曼谷 逛逛 、吃吃。

生词 New Words

15. 发 fā *v.* to send
16. 逛 guàng *v.* to stroll, to ramble

17. 美食 měishí *n.* delicious food

18. T-恤 T-xù *n.* T-shirt

三、注释 Notes

1. “是……的”句型，强调双方已知的某一事件发生的时间、地点、方式等等。否定句用“不是……的”。肯定句和疑问句中的“是”字可以省略，否定句中不能。

The structure “是……的” is used to emphasize the time, location, manner, etc. of a past event known to both the addresser and the addressee. The negative form is “不是……的”. The word “是” can be omitted in affirmative or interrogative sentences, but not in negative sentences.

例如：

(1)A: 他是什么时候回来的？

B: 他是昨天回来的。 (强调时间)

(2)A: 这件衣服在哪儿买的？

B: 在泰国买的。 (强调地点)

(3)A: 你是坐飞机去上海的吗？

B: 我不是坐飞机去上海的，我是坐地铁去的。 (强调方式)

2. 感叹句是用来表达夸奖、赞扬、惊讶等带有浓厚感情的句子。句尾常用语气助词“啊、啦、呀”等，句末用叹号“！”加强语气。

Exclamatory sentences are used to express strong feelings such as compliment, praise, surprise, etc. The modal particle “啊、啦、呀” is often used at the end of exclamatory sentences. The exclamatory mark “!” at the end of the exclamatory sentence expresses a strong tone.

例如：

(1)长城多雄伟啊！

(2)妈妈为了全家可辛苦啦！

(3)这里的风景真美呀！

四、课堂活动 Activity

游戏：猜猜是什么？

老师准备一些有关学习和生活的物品，例如：眼镜、本子、笔、U 盘、手表等等。请一位同学在袋子里选择一个，不让其他人知道是什么。然后同学们用“是……的”句型询问该物品的颜色、形状、用途等，该同学只回答“是”或者“不是”。最后，同学们根据回答猜出该物品。

五、练习 Exercise

词汇与汉字 Vocabulary and Chinese Characters

（一）根据拼音写汉字

Write Chinese characters according to the *pinyin.*

1. gòngxiǎng(　　　)电单车　　2. kě(　　　)快了！
3. fēngjǐng(　　　)很美　　4. pá(　　　)西山
5. fā(　　　)照片　　6. 吃吃 měishí(　　　)

（二）看句子，选择正确的词语填空

Read the sentences and choose the right words to fill in the brackets.

A T–恤 (xù)　B 沙拉 (shālā)　C 打车 (dǎchē)　D 派对 (pàiduì)　E 红酒 (hóngjiǔ)　F 全景 (quánjǐng)

1. Zhège tàocān li bāohán yí fèn hé yì píng
这个 套餐 里 包含 一 份(　　　)和 一 瓶(　　　)。

2. Xiàtiān, nǚshēng xǐhuan shàngmiàn chuān xiàmiàn chuān qúnzi.
夏天，女生 喜欢 上面 穿（　　　）下面 穿 裙子。

3. Pá dào Xī Shān Lóngmén jiù kěyǐ kàn dào Kūnmíng de le.
爬 到 西 山 龙门 就 可以 看 到 昆明的(　　　)了。

4. Zhōu Yuè de shēngrì shì míngtiān wǎnshang diǎn ma?
周 月 的 生日(　　　)是 明天 晚上 6 点 吗？

5. Tài wǎn le, nǐ huíqu ba.
太 晚 了，你(　　　)回去 吧。

（三）选择正确的汉字

Choose the correct Chinese characters.

Chī xīcān hē hóng
(1)吃 西餐 喝 红(　　　)。

洒	酒

Zhōumò wǒmen qù shāngchǎng ba.
(2)周末 我们 去(　　) 商场 吧。

逛	逃

Kūnmíng Xī Shān shì yí ge fēng hěn měi de sēnlín gōngyuán.
(3)昆明 西 山 是 一 个 风(　　)很 美 的 森林 公园 。

景	竟

Zài Zhōngguó hěn duō rén diàndānchē.
(4)在 中国 很 多 人(　　)电单车 。

椅	骑

语法与句型 Grammar and Sentence Pattern

(一) 把下列句子改成"是……的"句

Change the following sentences into"是……的"sentence pattern.

Wǒ qí gòngxiǎng diàndānchē huílai.
例:我 骑 共享 电单车 回来。

Wǒ shì qí gòngxiǎng diàndānchē huília de.
我 是 骑 共享 电单车 回来 的。

Wǒ hé péngyou yìqǐ qù pá shān le.
1. 我 和 朋友 一起 去 爬 山 了。

______________________________。

Wǒ jiàqī chūqu lǚyóu le.
2. 我 假期 出去 旅游 了。

______________________________。

Tā liǎng diǎn bàn chūqu le.
3. 他 两 点 半 出去 了。

______________________________。

Māma zuótiān dǎ lái diànhuà.
4. 妈妈 昨天 打 来 电话 。

______________________________。

Wǒ zuò de shuǐguǒ shālā.
5. 我 做 的 水果 沙拉。

______________________________。

Wǒ zài Tàiguó mǎile zhè jiàn xù.
6. 我 在 泰国 买了 这 件 T-恤。

______________________________。

（二）选择合适的问答

Match the sentences to make dialogues.

Duō chī diǎn, zhè xiē cài dōu shì wǒ zuò de.
A. 多 吃 点，这 些 菜 都 是 我 做 的。

Qí diàndānchē ba, bù dǔ chē.
B. 骑 电单车 吧，不 堵 车。

Nǐ shì shénme shíhou lái Zhōngguó de?
C. 你 是 什么 时候 来 中国 的？

Wǒ měi cì chūqu lǚyóu dōu xǐhuan chīchi dāngdì de měishí.
D. 我 每 次 出去 旅游 都 喜欢 吃吃 当地 的 美食。

Shuō qǐ měishí, wǒ háishi zuì xǐhuan wǒ jiāxiāng de.
1. 说 起 美食，我 还是 最 喜欢 我 家乡 的。 （ ）

Wǒ shì nián lái de, yǐjīng liǎng nián le.
2. 我 是 2021 年 来 的，已经 两 年 了。 （ ）

Nǐ kě tài néng gàn le!
3. 你 可 太 能 干 了！ （ ）

Wǒmen zěnme qù?
4. 我们 怎么 去？ （ ）

（三）将下列词语组成句子

Make up sentences with the following words.

1. 吗　周末　爬山　九点　是　去

______________________________？

2. 跟　是　去　朋友　我　泰国　的　一起

______________________________。

3. 在　买　是　超市　吗　的

______________________________？

4. 去　姐姐　打车　的　是

______________________________。

第十课　他的中文跟我一样好
His Chinese is as good as mine

一、热身 Warm-up

回答问题 Answer the Questions

Jīntiān de tiānqì zěnmeyàng?
1. 今天 的 天气 怎么样？

Nǐ xǐhuan dōngtiān háishi xiàtiān?
2. 你 喜欢 冬天 还是 夏天？

Nǐ yǒu xiōngdì jiěmèi ma? Tāmen duō dà le?
3. 你 有 兄弟 姐妹 吗？他们 多 大 了？

Nǐmen jiā shéi de gèzi zuì gāo?
4. 你们 家 谁 的 个子 最 高？

二、课文 Text

课文 1.

Zǎoshang nǐ qù nǎr le?
A: 早上 你 去 哪儿 了？

Hé wǒ gēge qù shítáng le.
B: 和 我 哥哥 去 食堂 了。

Tā yě shì zhège xuéxiào de xuésheng ma?
A: 他 也 是 这个 学校 的 学生 吗？

Tā gēn wǒmen yíyàng, dōu shì zhège xuéxiào de xuésheng.
B: 他 跟 我们 一样，都 是 这个 学校 的 学生 。

Nǐ gēge duō dà?
A: 你 哥哥 多 大？

Tā suì, bǐ wǒ dà suì.
B: 他 21 岁，比 我 大 4 岁。

Tā de Hànyǔ shuǐpíng zěnmeyàng?
A: 他 的 汉语 水平 怎么样？

Tā de Zhōngwén gēn wǒ yíyàng hǎo.
B: 他 的 中文 跟 我 一样 好。

生词 New Words

1. 食堂 shítáng *n.* canteen
2. 水平 shuǐpíng *n.* level, standard
3. 跟 gēn *prep.* with

课文 2.

Jīntiān nǐ lái de zhēn zǎo!
A: 今天 你 来 得 真 早！

Wǒ shì qí zìxíngchē lái de. Nǐ kàn, zhè shì wǒ xīn mǎi de zìxíngchē.
B: 我 是 骑 自行车 来 的。你 看，这 是 我 新 买 的 自行车。

Zhēn piàoliang!
A: 真 漂亮 ！

Zǎoshang bā diǎn de shíhou chē tài duō le. Gōnggòng qìchē méiyǒu zìxíngchē kuài.
B: 早上 八 点 的 时候 车 太 多 了。公共 汽车 没有 自行车 快 。

Wǒ de xiǎngfǎ gēn nǐ yíyàng.
A: 我 的 想法 跟 你 一样。

生词 New Words

4. 时候 shíhou *n.* moment
5. 想法 xiǎngfǎ *n.* idea

课文 3.

Wǒ mǎi nǎ jiàn dàyī gěi wǒ mèimei ne?
A: 我 买 哪 件 大衣 给 我 妹妹 呢?

Nǐ mèimei gāo ma?
B: 你 妹妹 高 吗?

Tā gēn wǒ yíyàng gāo.
A: 她 跟 我 一样 高。

Nǐ mèimei pàng ma?
B: 你 妹妹 胖 吗?

Tā bǐ wǒ pàng.
A: 她 比 我 胖 。

Mǎi zhè jiàn lánsè de, zěnmeyàng?
B: 买 这 件 蓝色 的,怎么样 ?

Hǎo zhǔyi. Jīntiān tèjià.
A: 好 主意。今天 特价。

生词 New Words

6. 大衣 dàyī *n.* overcoat
7. 特价 tèjià *n.* special offer

课文 4.

Zhèr de dōngtiān zhēn lěng a!
A: 这儿 的 冬天 真 冷 啊!

Shì a. Nǐmen nàr de dōngtiān lěng ma?
B: 是 啊。你们 那儿 的 冬天 冷 吗?

Bǐ zhèr nuǎnhuo duō le.
A: 比 这儿 暖和 多 了。

Míngtiān de tiānqì zěnmeyàng?
B: 明天 的 天气 怎么样 ?

Tiānqì yùbào shuō, míngtiān bǐ jīntiān gèng lěng.
A: 天气 预报 说 ,明天 比 今天 更 冷 。

Dàgài duōshao dù?
B: 大概 多少 度?

Zuì dī qìwēn líng xià dù.
A: 最 低 气温 零 下 2 度。

生词 New Words

8. 天气 tiānqì *n.* weather
9. 暖和 nuǎnhuo *adj.* warm
10. 预报 yùbào *n.* forecast
11. 低 dī *adj.* low
12. 气温 qìwēn *n.* temperature
13. 零下 líng xià below zero

三、注释 Notes

1. “A 跟 B 一样(+adj.)”,表示 A 和 B 两者相比较,结果相同。

The structure “A 跟 B 一样(+adj.)” means that A and B are the same after comparison.

例如:

(1)我的书跟你的书一样。

(2)哥哥跟我一样高。

2. “……的时候”句型,表示时间。

The structure “……的时候” indicates time.

例如:

(1)我 17 岁的时候开始学习汉语。

(2)我早上九点的时候去上班。

四、课堂活动 Activity

游戏:2—3 人一组,互相用“A 跟 B 一样(+adj.)”句型,说说你和同学之间的相同点。

例如:我跟你一样高。

五、练习 Exercise

词汇与汉字 Vocabulary and Chinese Characters

（一）根据拼音写汉字

Write Chinese characters according to the *pinyin*.

1. 我去 shítáng(　　　)　　　2. 汉语 shuǐpíng(　　　)
3. 他的 zhǔyi (　　　)　　　4. 最高 qìwēn(　　　)
5. tèjià(　　　)书　　　6. tiānqì(　　　)预报

（二）看句子，选择正确的词语填空

Read the sentences and choose the right words to fill in the brackets.

A 比 (bǐ)　B 跟 (gēn)　C 大概 (dàgài)　D 主意 (zhǔyi)　E 低 (dī)　F 暖和 (nuǎnhuo)

1. 姐姐 的 爱好(　　)我 的 不 一样。
   Jiějie de àihào (　　) wǒ de bù yíyàng.
2. 这 是 谁 的(　　)?
   Zhè shì shéi de (　　)?
3. 他 的 手机(　　)我 的 贵。
   Tā de shǒujī (　　) wǒ de guì.
4. 你(　　)什么 时候 回 国？
   Nǐ (　　) shénme shíhou huí guó?
5. 今天 的 天气 比 昨天(　　)多 了。
   Jīntiān de tiānqì bǐ zuótiān (　　) duō le.
6. 北京 的 冬天 气温 很(　　)。
   Běijīng de dōngtiān qìwēn hěn (　　).

（三）选择正确的汉字

Choose the correct Chinese characters.

Nǐ jīng qù xuéxiào de shí ma? (1)你 经(　　)去 学校 的 食(　　)吗？	堂　常
Nǐ wǒ yìqǐ qù lǚyóu ba. (2) 你(　　)我 一起 去 旅游 吧。	跟　很
Gōnggòng chē hěn kuài jiù dào le. (3)公 共 (　　)车 很 快 就 到 了。	汽　气
Tā nánguò de xià le tóu. (4)她 难过 地(　　)下 了 头。	纸　低

语法与句型 Grammar and Sentence Pattern

(一) 选择合适的词语完成句子

Choose the proper words and complete the sentences.

shíhou　shì de　bǐ　méiyǒu　gēn yíyàng
时候　是……的　比　没有　跟……一样

Lǐ Míng qī suì de kāishǐ xuéxí dǎ lánqiú.
1. 李 明 七 岁 的(　　)开始 学习 打 篮球。

Wǒ dàyī de yánsè tā de
2. 我 大衣 的 颜色(　　)她 的(　　)。

Tāmen zuótiān qù Běijīng
3. 他们(　　)昨天 去 北京(　　)。

Màngǔ de dōngtiān Běijīng lěng.
4. 曼谷 的 冬天(　　)北京 冷 。

Zhèli de shuǐguǒ chāoshì de guì duō le.
5. 这里 的 水果(　　)超市 的 贵 多 了。

(二) 选择合适的问答

Match the sentences to make dialogues.

Wǒ shì zuò fēijī lái de.
A. 我 是 坐 飞机 来 的。

Wǒmen shì zài Zhōngguó gōngzuò de shíhou rènshi de.
B. 我们 是 在 中国 工作 的 时候 认识 的。

Jīntiān tèjià, bǐ zuótiān piányi.
C. 今天 特价，比 昨天 便宜。

Wǒmen qù gōngyuán guàngguang ba.
D. 我们 去 公园 逛逛 吧。

Nǐmen shì shénme shíhou rènshi de?
1. 你们 是 什么 时候 认识 的？ （ ）

Píngguǒ zěnme mài?
2. 苹果 怎么 卖？ （ ）

Nǐ shì zěnme lái Zhōngguó de?
3. 你 是 怎么 来 中国 的？ （ ）

Jīntiān bǐ zuótiān nuǎnhuo duō le.
4. 今天 比 昨天 暖和 多 了。 （ ）

（三）将下列词语组成句子

Make up sentences with the following words.

1. 我 来 是……的 坐 公共汽车

______________________________。

2. 泰国 这儿的 跟 的 水果 一样 便宜

______________________________。

3. 的时候 十八岁 妹妹 来 中国 汉语 学习

______________________________。

4. 没有 昨天 今天 冷

______________________________。

第十一课　他去参加朋友的婚礼了
He went to a friend's wedding

一、热身 Warm-up

回答问题 Answer the Questions

Jīntiān de tiānqì bǐ zuótiān rè ma?
1. 今天 的 天气 比 昨天 热 吗？

Nǐ shénme shíhou kāishǐ xuéxí Hànyǔ de?
2. 你 什么 时候 开始 学习 汉语 的？

Nǐ xǐhuan chī Zhōngguó cài ma?
3. 你 喜欢 吃 中国 菜 吗？

Xià kè hòu, nǐ dǎsuàn qù nǎr?
4. 下 课 后，你 打算 去 哪儿？

二、课文 Text

课文 1.

Xiǎo Zhāng jīntiān zěnme méi lái shàng kè?
A: 小 张 今天 怎么 没 来 上 课？

Tā qù Qīnglái le.
B: 他 去 清莱 了。

Shì qù lǚyóu ma?
A: 是 去 旅游 吗？

Bú shì, tīngshuō tā qù cānjiā péngyou de hūnlǐ le.
B: 不 是，听说 他 去 参加 朋友 的 婚礼 了。

生词 New Words

1. 参加 cānjiā *v.* to attend
2. 婚礼 hūnlǐ *n.* wedding
3. 清莱 Qīnglái *pn.* Chiang Rai

课文 2.

Huānyíng guānglín! Nín jǐ wèi?
A: 欢迎 光临！您 几 位？

Liǎng wèi.
B: 两 位。

Jīntiān kèrén yǒudiǎnr duō, yào děng yíhuìr, kěyǐ ma?
A: 今天 客人 有点儿 多，要 等 一会儿，可以 吗？

Yào děng duō cháng shíjiān?
B: 要 等 多 长 时间？

Nín qiánmiàn hái yǒu liǎng zhuōr, dàgài shíwǔ fēnzhōng.
A: 您 前面 还 有 两 桌儿，大概 十五 分钟。

Hǎo ba.
B: 好 吧。

Nà nín xiān kàn yíxià càidān.
A: 那 您 先 看 一下 菜单。

生词 New Words

4. 光临 guānglín *v.* to be present
5. 客人 kèrén *n.* customer, guest
6. 菜单 càidān *n.* menu

课文 3.

Nǐ bú shì qù yínháng le ma? Zěnme yòu huílai le?
A: 你 不 是 去 银行 了 吗?怎么 又 回来 了?

Wǒ wàng dài yínhángkǎ le.
B: 我 忘 带 银行卡 了。

Hùzhào dài le ma?
A: 护照 带 了 吗?

Wǒ yòu wàng le.
B: 我 又 忘 了。

生词 New Words

7. 银行卡 yínhángkǎ *n.* bank card
8. 忘 wàng *v.* to forget
9. 带 dài *v.* to take, to bring
10. 护照 hùzhào *n.* passport

课文 4.

Wǎnshang nǐ zěnme bù hé Xiǎo Wáng qù kàn qiúsài?
A: 晚上 你 怎么 不 和 小 王 去 看 球赛?

Yīnwèi míngtiān yǒu kǎoshì, suǒyi wǒ yào zǎodiǎnr shuì.
B: 因为 明天 有 考试,所以 我 要 早点儿 睡。

Nǐ fùxí de zěnmeyàng?
A: 你 复习 得 怎么样?

Hái kěyǐ.
B: 还 可以。

生词 New Words

11. 因为 yīnwèi *conj.* because, since

三、注释 Notes

1.“怎么+动词/形容词”用于询问事情的原因。

The structure“怎么+动词/形容词”is used to ask about the reason for something.

例如：

(1)你怎么哭了？

(2)今天怎么这么冷？

(3)他怎么没来上课？

2. 反问句“不是……吗？”表示提醒或者表达说话人的不理解、不满等。

The rhetorical question “不是……吗?” is used to remind someone of something or to show confusion or dissatisfaction.

例如：

(1)你不是会说法语吗？这个字法语怎么读？

(2)今天不是晴天吗？你怎么不去打球？

(3)她不是请假了吗？怎么又来了？

3. “因为……，所以……”连接两个表示因果关系的分句，前一分句表示原因，后一分句表示结果。

“因为……,所以……” is used to connect two clauses in a causative relation, the previous clause represents the reason, while the latter clause represents the result.

例如：

(1)因为下雨，所以我们没去打篮球。

(2)因为她生病了，所以没来上课。

4. “还可以”表示不是最好，也不是最差。

“还可以” means neither the best nor the worst.

例如：

(1)今天的天气还可以。

(2)这儿的风景还可以。

(3)这道菜的味道还可以。

四、课堂活动 Activity

两人一组，用“因为……，所以……”句型，告诉你的同学你喜欢或想做的一件事情。

例如：因为今天天气很好，所以我想去爬山。

五、练习 Exercise

词汇与汉字 Vocabulary and Chinese Characters

（一）根据拼音写汉字

Write Chinese characters according to the *pinyin.*

1. cānjiā(　　　)活动　　　2. 欢迎 guānglín(　　　)
3. 忘 dài(　　　)手机　　　4. 办理 hùzhào(　　　)
5. fùxí(　　　)考试　　　6. 看一下 càidān(　　　)

（二）看句子，选择正确的词语填空

Read the sentences and choose the right words to fill in the brackets.

A 参加 (cānjiā)　B 因为 (yīnwèi)　C 带 (dài)　D 怎么 (zěnme)　E 所以 (suǒyi)　F 还 可以 (hái kěyǐ)

1. 外面 太 热 了，(　　)我 想 去 游 泳。
Wàimiàn tài rè le, wǒ xiǎng qù yóu yǒng.

2. 明天 是 小 王 的 生日，我 要 去(　　)她 的 生日 会。
Míngtiān shì Xiǎo Wáng de shēngrì, wǒ yào qù tā de shēngrì huì.

3. 我 觉得 这 个 房间(　　)，不 大 也 不 小。
Wǒ juéde zhè ge fángjiān bú dà yě bù xiǎo.

4. (　　)我 发 烧 了，下午 不 能 和 你 一起 去 看 电影 了。
wǒ fā shāo le, xiàwǔ bù néng hé nǐ yìqǐ qù kàn diànyǐng le.

5. 你(　　)看 起来 不 太 高兴？
Nǐ kàn qilai bú tài gāoxìng?

6. 今天 老师(　　)来 了 很多 中文 书。
Jīntiān lǎoshī lái le hěnduō Zhōngwén shū.

（三）选择正确的汉字

Choose the correct Chinese characters.

Tā cóng Tàiguó lái le hěn duō hǎochī de.
(1)他 从 泰国(　　)来 了 很 多 好吃 的。

yíng nǐmen lái wǒ jiā.
(2)(　　)迎 你们 来 我 家。

Kěyǐ gěi wǒ kànkan nǐ de zhào ma?
(3)可以 给 我 看看 你 的(　　)照 吗?

Zhè shì wǒ zuì xǐhuan chī de yí dào
(4)这 是 我 最 喜欢 吃 的 一 道(　　)。

带	戴
吹	欢
户	护
菜	莱

语法与句型 Grammar and Sentence Pattern

(一)选择合适的词语完成句子

Choose the proper words and complete the sentences.

yīnwèi　zěn me　bú shì……ma　suǒyǐ　hái　kěyǐ
因为　怎么　不是……吗?　所以　还　可以

Nǐ chī de nàme shǎo? Shì shēng bìng le ma?
1. 你(　　)吃 得 那么 少 ?是 生 病 了 吗?

zuótiān xià yǔ le, wǒ méi qù pǎo bù.
2. (　　)昨天 下 雨 了,我 没 去 跑 步。

Nǐ zuótiān mǎile hěn duō yīfu le
3. 你 昨天(　　)买了 很 多 衣服 了(　　)?

Wǒ jīntiān kǎoshì kǎo de
4. 我 今天 考试 考 得(　　)。

Tā qù cānjiā péngyou de hūnlǐ le, qǐng jià le.
5. 她 去 参加 朋友 的 婚礼 了,(　　)请 假 了。

(二)选择合适的问答

Match the sentences to make dialogues.

Tiānqì yùbào shuō míngtiān yào xià dà yǔ.
A. 天气 预报 说 明天 要 下 大 雨。

Qǐng gěi wǒ kàn yíxià càidān.
B. 请 给 我 看 一下 菜单。

Dàgài èrshí fēnzhōng.
C. 大概 二十 分钟 。

Hái kěyǐ.
D. 还 可以。

Míngtiān de zúqiú bǐsài zěnme qǔxiāo le?
1. 明天 的 足球 比赛 怎么 取消 了? ( )

Nín xiǎng chī diǎnr shénme?
2. 您 想 吃 点儿 什么? ( )

Wǒmen yào děng duō cháng shíjiān?
3. 我们 要 等 多 长 时间? ( )

Nǐ juéde zhèli de huánjìng zěnmeyàng?
4. 你 觉得 这里 的 环境 怎么样? ( )

（三）将下列词语组成句子

Make up sentences with the following words.

1. 去 她 参加 听说 朋友 的 婚礼 了

______________________________。

2. 不是 吗 会 你 开车

______________________________?

3. 带 我 妈妈 去 买菜 超市

______________________________。

4. 去 银行 护照 别 忘 带 了

______________________________。

第十二课 天气越来越冷了
It's getting colder and colder

一、热身 Warm-up

回答问题 Answer the Questions

Zhèr de dōngtiān lěng ma?
1. 这儿 的 冬天 冷 吗?

Dào Zhōngguó hòu, xíguàn zhèli de tiānqì ma?
2. 到 中国 后,习惯 这里 的 天气 吗?

Yī yuè shì zhèli zuì lěng de shíhou? Háishi èr yuè gèng lěng?
3. 一 月 是 这里 最 冷 的 时候? 还是 二 月 更 冷?

Kěyǐ jièshào yíxià nǐ jūzhù de chéngshì ma? Nàli de tiānqì zěnmeyàng?
4. 可以 介绍 一下 你 居住 的 城市 吗? 那里 的 天气 怎么样?

二、课文 Text

课文 1.

Jīntiān tiānqì zěnmeyàng?
A: 今天 天气 怎么样?

Bú tài hǎo, xià le hěn dà de xuě.
B: 不 太 好,下 了 很 大 的 雪。

Hěn lěng ba?
A: 很 冷 吧?

Shìde, lěng de bù xíng. Xuě rónghuà shí huì gèng lěng.
B: 是的,冷 得 不 行。雪 融化 时 会 更 冷。

生词 New Words

1. 雪 xuě *n.* snow
2. 融化 rónghuà *v.* to melt
3. 更 gèng *adv.* more

课文 2.

Qùnián dōngtiān lěng bu lěng?
A: 去年 冬天 冷 不 冷 ?

Fēicháng lěng, fēng yě hěn dà.
B: 非常 冷 ,风 也 很 大。

Nǐmen nàshí yě hěn máng?
A: 你们 那时 也 很 忙 ?

Wǒmen yìzhí dào Chūnjié dōu máng de bù xíng, měi nián dōngtiān dōu shì.
B: 我们 一直 到 春节 都 忙 得 不 行 ,每 年 冬天 都 是。

生词 New Words

4. 去年 qùnián *n.* last year
5. 那时 nàshí at that time
6. 忙 máng *adj.* busy
7. 每年 měi nián every year

课文 3.

Zhèr de tiānqì zěnmeyàng?
A: 这儿 的 天气 怎么样 ?

Bú cuò! Zhè zhōu tiānqì hǎo de hěn, bù lěng yě bú rè.
B: 不错 ! 这 周 天气 好 得 很 ,不 冷 也 不 热。

Zhèr de shíwù hǎochī ma? Zhèr de cài là ma?
A: 这儿 的 食物 好吃 吗?这儿 的 菜 辣 吗?

Tèbié hǎochī, rúguǒ nǐ xǐhuan chī là huì gèng hǎo. Zhèr de yìxiē cài bú là, yìxiē cài
B: 特别 好吃,如果 你 喜欢 吃 辣 会 更 好。这儿 的 一些 菜 不 辣,一些 菜

yǒudiǎnr là, yìxiē cài là de hěn.
有点儿 辣,一些 菜 辣 得 很。

生词 New Words

8. 这儿 zhèr *pron.* here
9. 食物 shíwù *n.* food
10. 一些 yìxiē *num.-m.* some
11. 有点儿 yǒudiǎnr a bit, a little

课文 4.

Nǐ kàn qilai bú tài hǎo, zěn me le?
A: 你 看 起来 不 太 好 ,怎么 了?

Tiānqì lěng de hěn, wǒ yǒudiǎnr bù xíguàn.
B: 天气 冷 得 很 ,我 有点儿 不 习惯。

Shì a, tiānqì yuè lái yuè lěng, jīntiān gèng shì lěng de bù xíng, nǐ děi duō chuān yìxiē yīfu.
A: 是 啊,天气 越 来 越 冷 ,今天 更 是 冷 得 不 行 ,你 得 多 穿 一些 衣服。

Wǒ jīntiān chuānle yǔróngfú. Xièxie nǐ lái kàn wǒ, wǒ zhēn gāoxìng!
B: 我 今天 穿了 羽绒服。谢谢 你 来 看 我,我 真 高兴 !

生词 New Words

12. 看起来 kàn qilai *v.* to seem
13. 习惯 xíguàn *v.* to be used to
14. 越来越 yuè lái yuè *adv.* more and more
15. 高兴 gāoxìng *adj.* happy

三、注释 Notes

1. "adj.+得+很/不行" 意为 "非常 adj." , "很/不行" 在此结构中作程度补语。

The structure "adj.+得+很/不行" indicates "very adj.", in which "很/不行" is used as degree complement.

例如：

(1)她今天高兴得很。

(2)北京的冬天冷得不行。

(3)超市远得很，但是买到了菠萝蜜，甜得不行。

2. “越来越+adj.”句型，表示程度随着时间的变化而变化。

The structure “越来越+adj.” indicates that the degree changes over time.

例如：

(1)天气越来越冷了。

(2)天色越来越晚了。

(3)她的字越来越漂亮。

四、课堂活动 Activity

游戏：比一比！

两人一组，和你的同桌比一比，看谁记的程度副词多。

例如：很、更、非常、有点儿……

五、练习 Exercise

词汇与汉字 Vocabulary and Chinese Characters

（一）根据拼音写汉字

Write Chinese characters according to the *pinyin.*

1. 很大的 xuě(　　　)　　　2. 很 máng(　　　)

3. qùnián(　　　)春节　　　4. 泰国 shíwù(　　　)

5. yǒudiǎnr(　　　)辣　　　6. 天气 yuè lái yuè(　　　)冷

（二）看句子，选择正确的词语填空

Read the sentences and choose the right words to fill in the brackets.

kàn qilai　　nàshí　　yuè lái yuè　　xíguàn　　gāoxìng　　yìxiē
A 看起来　B 那时　C 越来越　D 习惯　E 高兴　F 一些

wǒmen zài kàn diànyǐng, bù zhīdào xià xuě le.
1. (　　)我们在看电影，不知道下雪了。

Zhè dào cài hǎochī de hěn.
2. 这道菜(　　)好吃得很。

Kěyǐ hé péngyou yìqǐ guò Chūnjié, Lǐ Lì de bù xíng.
3. 可以和朋友一起过春节，李丽(　　)得不行。

Zhèr de shū, shì wǒ de, shì wǒ gēge de.
4. 这儿的书，(　　)是我的，(　　)是我哥哥的。

Lái Zhōngguó liǎng nián, wǒ yǐjīng fēicháng zhèr de shēnghuó.
5. 来中国两年，我已经非常(　　)这儿的生活。

Zhù nǐ xuéxí hǎo!
6. 祝你学习(　　)好！

（三）选择正确的汉字

Choose the correct Chinese characters.

nián dōngtiān dōu lěng de hěn.
(1)(　　)年冬天都冷得很。　　每　母

Xuě huà le, cāochǎng shang dōu shì shuǐ.
(2)雪(　　)化了，操场上都是水。　　隔　融

Jīntiān zhōngwǔ yǒu rè.
(3)今天中午有(　　)儿热。　　占　点

Tǐyù kè hòu, dàjiā è le.
(4)体育课后，大家(　　)饿了。　　更　吏

语法与句型 Grammar and Sentence Pattern

（一）选择合适的词语，并用“adj.+得+很/不行”或“越来越+adj.”完成句子

Choose the proper words and complete the sentences with “adj.+得+很/不行”or “越来越 + adj.”.

piányi de hěn　yuè lái yuè hǎo　lěng de bù xíng　yuè lái yuè dà　máng de hěn
便宜得很　越来越好　冷得不行　越来越大　忙得很

Chūnjié qián de gōngzuò tèbié duō, dàjiā dōu
1. 春节前的工作特别多，大家都（　　）。

Wǒ bú tài xǐhuan dōngtiān, měi tiān dōu
2. 我不太喜欢冬天，每天都（　　）。

Zhège bēizi dànshì fēicháng piàoliang!
3. 这个杯子（　　），但是非常漂亮！

Měi ge zhōumò tā dōu qù yóu yǒng, yóu de
4. 每个周末他都去游泳，游得（　　）。

Yǔ kàn qilai jīntiān bù néng pá shān le.
5. 雨（　　），看起来今天不能爬山了。

（二）选择合适的问答

Match the sentences to make dialogues.

Shì lěng de hěn, dànshì jiàqī wǒ yìzhí hé péngyou yìqǐ, fēicháng gāoxìng.
A. 是冷得很，但是假期我一直和朋友一起，非常高兴。

Wǒ zuì xǐhuan Guòqiáomǐxiàn, tèbié hǎochī.
B. 我最喜欢过桥米线，特别好吃。

Tài lěng le, nǐ zěnme bù duō chuān yìxiē yīfu?
C. 太冷了，你怎么不多穿一些衣服？

Nǐ tóngxué zúqiú tī de fēicháng búcuò?
D. 你同学足球踢得非常不错？

Méi cuò, tā dǎ lánqiú yě hǎo de hěn.
1. 没 错，他 打 篮球 也 好 得 很。 ( )

Wǒ de yǔróngfú zài jiàoshì li, zhēn de yuè lái yuè lěng, wǒ děi huí jiàoshì le.
2. 我 的 羽绒服 在 教室 里，真 的 越 来 越 冷，我 得 回 教室 了。 ( )

Zhèr de shénme zuì hǎochī?
3. 这儿 的 什么 最 好吃？ ( )

Qùnián dōngtiān tèbié lěng, nǐ shì zěnme guò de?
4. 去年 冬天 特别 冷，你 是 怎么 过 的？ ( )

（三）将下列词语组成句子

Make up sentences with the following words.

1. 得不行 热闹 的 商店 和 超市 都 周末

______________________________。

2. 多 得很 里面 体育馆 人 的

______________________________。

3. 越来越 跑步 操场上 的 人 少

______________________________。

4. 李丽 越来越 做饭 好吃

______________________________。

第十三课　冬天总是下雪
It always snows in winter

一、热身 Warm-up

回答问题 Answer the Questions

Nǐ jiàqī měi tiān dōu zǎo qǐ ma?
1. 你 假期 每 天 都 早 起 吗？

Zhèr de dōngtiān jīngcháng xià xuě ma?
2. 这儿 的 冬天 经常 下 雪 吗？

Nǐ shǔjià ǒuěr huì qù kàn diànyǐng ma? Duō jiǔ qù kàn yí cì?
3. 你 暑假 偶尔 会 去 看 电影 吗？多 久 去 看 一 次？

Nǐ cóngbù chī làde shíwù ma? Jīngcháng chī tiánde ma?
4. 你 从不 吃 辣的 食物 吗？经常 吃 甜的 吗？

二、课文 Text

课文 1.

Tā qù tǐyùguǎn le?
A: 他 去 体育馆 了？

Shìde. Tā fēicháng xǐhuan dǎ yǔmáoqiú, zǒngshì qù tǐyùguǎn liànxí.
B: 是的。他 非常 喜欢 打 羽毛球，总是 去 体育馆 练习。

Měi tiān dōu qù ma?
A: 每 天 都 去 吗？

Jīhū měi tiān dōu qù.
B: 几乎 每 天 都 去。

生词 New Words

1. 总是 zǒngshì *adv.* always, all the time
2. 练习 liànxí *v.* to practise
3. 几乎 jīhū *adv.* almost
4. 每天 měi tiān every day

课文 2.

Nǐ jīngcháng mǎi liúlián?
A: 你 经常 买 榴莲？

Shìde. Bùjǐn mǎi liúlián, hái mǎi qítā shuǐguǒ.
B: 是的。不仅 买 榴莲，还 买 其他 水果 。

Nǐ duō jiǔ mǎi yí cì shuǐguǒ?
A: 你 多 久 买 一 次 水果 ？

Měi zhōu yí cì.
B: 每 周 一 次。

生词 New Words

5. 水果 shuǐguǒ *n.* fruit
6. 不仅……还…… bùjǐn……hái…… *conj.* not only...but also...
7. 多久 duō jiǔ *pron.* how often
8. 次 cì *m.* time

课文 3.

Wǒ qù chī zǎofàn, yìqǐ qù ma?
A: 我 去 吃 早饭，一起 去 吗？

Chī zǎofàn? diǎn le! Nǐ zǒngshì zhème wǎn chī zǎofàn ma?
B: 吃 早饭？11 点 了！你 总是 这么 晚 吃 早饭 吗？

Wǒ zài xuéxiào jīngcháng diǎn qǐ chuáng. Xiànzài shì shǔjià, ǒuěr zǎo qǐ.
A: 我在学校经常6点起床。现在是暑假，偶尔早起。

Hā hā, ǒuěr? Yí ge jiàqī zǎo qǐ yí cì ma?
B: 哈哈，偶尔？一个假期早起一次吗？

生词 New Words

9. 这么 zhème *pron.* so
10. 起床 qǐ chuáng *v.* to get up
11. 偶尔 ǒuěr *adv.* once in a while, occasionally
12. 早起 zǎo qǐ *v.* to get up early

课文 4.

Zhèr de dōngtiān jīngcháng xià xuě, wǒ chuān yǔróngfú ǒuěr hái hěn lěng.
A: 这儿的冬天经常下雪，我穿羽绒服偶尔还很冷。

Wǒ xǐhuan xià xuě! Suīrán hěn lěng, dànshì xuě hěn piàoliang.
B: 我喜欢下雪！虽然很冷，但是雪很漂亮。

Wǒ de jiāxiāng cóngbù xià xuě, nǐ de jiāxiāng ne?
A: 我的家乡从不下雪，你的家乡呢？

Jīhū bú xià xuě. Dànshì, qùnián dōngtiān xià xuě le, xīnwén shuō shì bǎiniánbúyù!
B: 几乎不下雪。但是，去年冬天下雪了，新闻说是“百年不遇”！

生词 New Words

13. 虽然 suīrán *conj.* though, although
14. 家乡 jiāxiāng *n.* hometown
15. 从不 cóngbù *adv.* never
16. 新闻 xīnwén *n.* news
17. 遇 yù *v.* to meet

三、注释 Notes

1. “不仅……还……”指不止这一个，还有类似的，与“还”搭配时表示结论不唯一。

The structure “不仅……还……” means that there is not only this one, but also similar one. When combined with “还”, it means the conclusion is not unique.

例如：

(1)李丽不仅会踢足球还会打篮球。

(2)衣服不仅漂亮还便宜。

(3)冬天不仅经常下雪，还很冷。

(4)他不仅会说汉语，还会说泰语。

2. “百年不遇”形容情况很少见到或很少出现。

“百年不遇” indicates that the situation is rarely seen or occurred.

例如：

(1)这么热的天气真是百年不遇！

(2)今晚的“超级月亮”百年不遇。

四、课堂活动 Activity

请将下列句子按高频到低频重新排序。说说你属于哪种情况。

①假期，李丽偶尔早起。

②假期，李丽经常早起。

③假期，李丽从不早起。

④假期，李丽总是早起。

五、练习 Exercise

词汇与汉字 Vocabulary and Chinese Characters

（一）根据拼音写汉字

Write Chinese characters according to the *pinyin.*

1. zhème(　　　)晚
2. 起 chuáng(　　　)
3. zǒngshì(　　　)很忙
4. liànxí(　　　)跑步
5. 真是百年不 yù(　　　)
6. bùjǐn(　　　)好吃还便宜

（二）看句子，选择正确的词语填空

Read the sentences and choose the right words to fill in the brackets.

duō jiǔ　jīhū　xīnwén　suīrán　jīngcháng　jiāxiāng
A 多久　B 几乎　C 新闻　D 虽然　E 经常　F 家乡

Zhōumò, wǒ zài sùshè shàng wǎng.
1. 周末，我(　　)在宿舍上网。

Bú xià yǔ shí, Lǐ Lì měi tiān qù pǎo bù.
2. 不下雨时，李丽(　　)每天去跑步。

Nǐ liànxí yí cì?
3. 你(　　)练习一次？

shuō zhè shì Chūnjié shí zuì shòu huānyíng de diànyǐng.
4. (　　)说这是春节时最受欢迎的电影。

Wǒ hé bàba xiǎng chī yìxiē cài.
5. 我和爸爸想吃一些(　　)菜。

Liúlián hěn hǎochī, dànshì tài guì le.
6. 榴莲(　　)很好吃，但是太贵了。

（三）选择正确的汉字

Choose the correct Chinese characters.

Tā jīntiān chuáng wǎn le.
(1)他今天(　　)床晚了。　　起　越

Shānzhúguǒ shì shuǐ ma?
(2)山竹果是水(　　)吗？　　课　果

Lǐ Lì měi zhōu qù liǎng chāoshì.
(3)李丽每周去两(　　)超市。　　欢　次

Shǔjià qù Běijīng lǚyóu dào le wǒ de tóngxué.
(4)暑假去北京旅游(　　)到了我的同学。　　遇　偶

语法与句型 Grammar and Sentence Pattern

(一)用"不仅……还……"或"虽然……但是……"完成句子

Complete the sentences with "不仅……还……" or "虽然……但是……".

Zhèr de dōngtiān bù lěng, yǒudiǎnr rè.
1. 这儿 的 冬天(　　)不 冷,(　　)有点儿 热。

Jiāxiāng de dōngtiān lěng, hěn piàoliang.
2. 家乡 的 冬天(　　)冷,(　　)很 漂亮。

Jīntiān wǒ děi dǎsǎo sùshè, děi dǎsǎo cāochǎng.
3. 今天 我(　　)得 打扫 宿舍,(　　)得 打扫 操场。

Jīntiān wǒ děi dǎsǎo sùshè, búyòng dǎsǎo cāochǎng.
4. 今天 我(　　)得 打扫 宿舍,(　　)不用 打扫 操场。

Bàba huì zuò fàn, huì bāo bāozi.
5. 爸爸(　　)会 做 饭,(　　)会 包 包子。

Bàba huì zuò fàn, bú tài hǎochī.
6. 爸爸(　　)会 做 饭,(　　)不 太 好吃。

(二)选择合适的问答

Match the sentences to make dialogues.

Jīntiān shì zhōumò ya, zhōumò chāoshì de rén zǒngshì hěn duō.
A. 今天 是 周末 呀,周末 超市 的 人 总是 很 多。

Bú qù, tiānqì tài lěng le, wǒ cóngbù zài dōngtiān yóu yǒng.
B. 不 去,天气 太 冷 了,我 从不 在 冬天 游 泳。

Wǒ xǐhuan dǎ lánqiú, měi zhōu dōu hé tóngxué dǎ lánqiú, nǐ ne?
C. 我 喜欢 打 篮球,每 周 都 和 同学 打 篮球,你 呢?

Nǐ jīngcháng qù Tàiguó lǚyóu ma?
D. 你 经常 去 泰国 旅游 吗?

Bù jīngcháng, wǒ zhǐshì ǒuěr qù Tàiguó.
1. 不 经常,我 只是 偶尔 去 泰国。　　(　)

Wǒ gèng xǐhuan tī zúqiú, jīngcháng qù tī qiú.
2. 我 更 喜欢 踢 足球,经常 去 踢 球。　　(　)

Chāoshì de rén zěnme zhème duō?
3. 超市 的 人 怎么 这么 多？ ( )

Míngtiān qù yóu yǒng ba?
4. 明天 去 游 泳 吧？ ( )

（三）将下列词语组成句子

Make up sentences with the following words.

1. 从不 李丽 宿舍 打电话 在

____。

2. 不仅 早起 我 还 做饭

____。

3. 冬天 下雨 家乡 的 总是

____。

4. 经常 他 学校 去 老师 看

____。

第十四课　对不起，打扰到您
Sorry to bother you

一、热身 Warm-up

回答问题 Answer the Questions

Nǐ zài gōnggòng chǎngsuǒ jiànguò nǎxiē dǎrǎo biérén de xíngwéi?
1. 你 在 公共 场所 见过 哪些 打扰 别人 的 行为？

Dāng biérén dǎrǎo le nǐ, nǐ huì zěnyàng tíxǐng?
2. 当 别人 打扰 了 你，你 会 怎样 提醒？

Nǐ zhīdào nǎxiē gōnggòng biāozhì?
3. 你 知道 哪些 公共 标志？

Qǐng zhǎnshì yí ge gōnggòng biāozhì, bìng shuōmíng tā de yòngtú.
4. 请 展示 一 个 公共 标志，并 说明 它 的 用途。

二、课文 Text

课文 1.

Nǐ hǎo, tóngxué!
A: 你 好，同学！

Nǐ hǎo! Qǐngwèn yǒu shénme shì ma?
B: 你 好！请问 有 什么 事 吗？

Duìbuqǐ, jiàoxuélóu li shì bùnéng dài shíwù jìnlái chī de.
A: 对不起，教学楼 里 是 不能 带 食物 进来 吃 的。

Hǎo de, duìbuqǐ, yǐhòu wǒ huì chīwán zài jìnlai.
B: 好 的，对不起，以后 我 会 吃完 再 进来。

生词 New Words

1. 对不起 duìbuqǐ *adj.* sorry, excuse me
2. 教学楼 jiàoxuélóu *n.* teaching building

课文 2.

Nǐ hǎo, jiàoxuélóu shì wú yān qū.
A: 你 好，教学楼 是 无 烟 区。

Duìbuqǐ, nà qǐngwèn nǎli kěyǐ xī yān ne?
B: 对不起，那 请问 哪里 可以 吸 烟 呢？

Jiàoxuélóu dàmén zuǒshǒubian yǒu yì jiān kāfēitīng, nàli yǒu xī yān qū.
A: 教学楼 大门 左手边 有 一 间 咖啡厅，那里 有 吸 烟 区。

Hǎo de, fēicháng gǎnxiè.
B: 好 的，非常 感谢。

生词 New Words

4. 无烟区 wú yān qū *n.* non-smoking area
5. 吸烟区 xī yān qū *n.* smoking area
6. 咖啡厅 kāfēitīng *n.* café

课文 3.

Tóngxué, nǐ hǎo! Túshūguǎn li bù néng nàme dàshēng shuō huà.
A: 同学，你 好！图书馆 里 不 能 那么 大声 说 话。

Duìbuqǐ, wǒmen zài tǎolùn yí dào tí, méi zhù yì dǎrǎo dào le biérén.
B: 对不起，我们 在 讨论 一 道 题，没 注 意 打扰 到 了 别人。

Túshūguǎn de mén kǒu yǒu yí ge xiǎo huāyuán, nǐmen kěyǐ zài nàli tǎolùn.
A: 图书馆 的 门 口 有 一 个 小 花园，你们 可以 在 那里 讨论。

Hǎo de, fēicháng gǎnxiè.
B: 好 的，非常 感谢。

生词 New Words

7. 图书馆 túshūguǎn *n.* library
8. 讨论 tǎolùn *v.* to discuss
9. 打扰 dǎrǎo *v.* to disturb

课文 4.

Nǐ hǎo! Diànyǐngyuàn li qǐng bú yào dà shēng dǎ diànhuà.
A: 你 好！ 电影院 里 请 不 要 大 声 打 电话 。

Duìbuqǐ, dǎrǎo dào nín.
B: 对不起，打扰 到 您。

Méi guānxi, yǒu jíshì kěyǐ dào wàimiàn dǎ diànhuà.
A: 没 关系，有 急事 可以 到 外面 打 电话 。

Hǎo de, máfan nín ràng wǒ yíxià.
B: 好 的，麻烦 您 让 我 一下。

生词 New Words

10. 电影院 diànyǐngyuàn *n.* cinema
11. 打电话 dǎ diànhuà *v.* to make a phone call
12. 急 jí *adj.* urgent
13. 没关系 méi guānxi Never mind. It doesn't matter.
14. 麻烦 máfan *v.* to trouble, to bother

三、注释 Notes

禁令标志 Prohibition Sign

禁止饮食 No Food or Drink

禁止吸烟 No Smoking

禁止乱涂乱画 No Graffiti

禁止采摘 No Picking

四、课堂活动 Activity

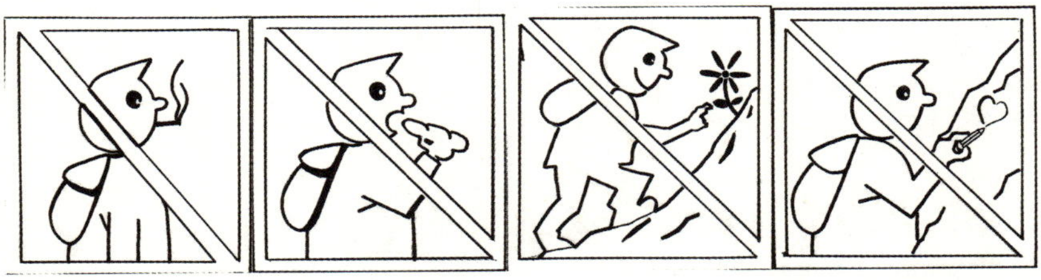

同学们自由组合，选择一个禁令标志为话题，两两对话。练习使用“你好，……不可以……”“对不起，……”等句子。

五、练习 Exercise

词汇与汉字 Vocabulary and Chinese Characters

（一）根据拼音写汉字

Write Chinese characters according to the *pinyin.*

1. duì(　　)bu(　　)起　　2. wú(　　)烟区

3. 图 shū(　　)guǎn(　　)　　4. tǎo (　　)lùn(　　)

5. dǎ(　　) rǎo(　　)　　6. dǎ(　　) 电 huà(　　)

（二）看句子，选择正确的词语填空

Read the sentences and choose the right words to fill in the brackets.

A 对不起 (duìbuqǐ)　B 无烟区 (wú yān qū)　C 讨论 (tǎolùn)　D 打扰 (dǎrǎo)　E 打电话 (dǎ diànhuà)　F 麻烦您 (máfan nín)

Wǒmen shēngyīn xiǎo yìdiǎn, zhèyàng jiù bú huì dào biérén.
1. 我们 声音 小 一点，这样 就 不 会(　　)到 别人。

Huānyíng guānglín, zhèbiān shì nàbiān shì xī yān qū, qǐngwèn nín yào zuò nǎli?
2. 欢迎 光临，这边 是(　　)，那边 是 吸 烟 区，请问 您 要 坐 哪里？

ràng wǒ yíxià, wǒ de zuòwèi zài lǐmiàn.
3. (　　)让 我 一下，我 的 座位 在 里面。

Wǒmen jīntiān huíqu dōu zhǎozhao zīliào, míngtiān dài lai jítǐ
4. 我们 今天 回去 都 找找 资料，明天 带 来 集体(　　)。

Kàn diànyǐng de shíhou, rúguǒ yào qǐng dào wàimiàn.
5. 看 电影 的 时候，如果 要(　　)请 到 外面 。

wǒ bù zhīdào nǐmen zài zhèli kāi huì, dǎrǎo le.
6. (　　)，我 不 知道 你们 在 这里 开 会，打扰 了。

（三）选择正确的汉字

Choose the correct Chinese characters.

Dàjiā tǎo de hěn jīliè.
(1)大家 讨(　　)得 很 激烈。　　论　沦

Bǎ shǒujī guān diào, bú yào rǎo biérén.
(2)把 手机 关 掉，不 要(　　)扰 别人。　　打　灯

buqǐ, bù xiǎoxīn bǎ shuǐbēi shuāi huài le.
(3)(　　)不起，不 小心 把 水杯 摔 坏 了。　　对　时

Zhèli shì yān qū, qǐng bú yào xī yān.
(4)这里 是(　　)烟 区，请 不 要 吸 烟。　　天　无

语法与句型 Grammar and Sentence Pattern

（一）根据标志，完成对话

Complete the conversation according to the sign.

1. 

zhèli shì bù néng
A：______，这里 是______，不 能______。

ò, wǒ méi kàndào biāozhì,
B：哦，我 没 看到 标志，______。

2. 

Tóngxué, nǐ hǎo! Zhèli shì bù néng
A：同学，你 好！这里 是______，不 能______。

ò, hǎo de! wǒ chīwán zài jìnqu.
B：哦，好 的！______，我 吃完 再 进去。

3. 

Dǎoyóu xiǎojiě, zhèli jiùshì Chángchéng ma?
A：导游 小姐，这里 就是 长城 吗？

Shìde, qǐng dàjiā yóu wán de shíhou zhù yì
B：是的，请 大家 游 玩 的 时候 注 意______。

（二）选择合适的问答

Match the sentences to make dialogues.

Nǐ bié zǒng zài wūzi li xuéxí, yīnggāi chūqu zǒuzou.
A. 你 别 总 在 屋子 里 学习，应该 出去 走走。

Wǒ jìde nàge fàndiàn jiù zài fùjìn, zěnme zhǎo bú dào le ne?
B. 我 记得 那个 饭店 就 在 附近，怎么 找 不 到 了 呢？

Wǒ lái le yí ge duō yuè le, duì zhèr de shēnghuó hái bú tài xíguàn.
C. 我 来 了 一 个 多 月 了，对 这儿 的 生活 还 不 太 习惯。

Xiànzài shì yuè fèn, yuè de tiānqì zǒngshì biàn de hěn kuài.
D. 现在 是 6 月 份，6 月 的 天气 总是 变 得 很 快。

Bié zháojí, wǒmen zài zhǎo yi zhǎo.
1. 别 着急，我们 再 找 一 找。（ ）

Tián Fāng, nǐ lái le duō cháng shíjiān le?
2. 田 芳，你 来 了 多 长 时间 了？（ ）

Zěnme tūrán xià yǔ le? Guǎngbō li shuō jīntiān shì qíngtiān.
3. 怎么 突然 下 雨 了？广播 里 说 今天 是 晴天。 ( )

Shì a, chūntiān dào le, wǒ yào hé péngyou yìqǐ qù gōngyuán wánr wánr!
4. 是 啊，春天 到 了，我 要 和 朋友 一起 去 公园 玩儿玩儿！ ( )

（三）将下列词语组成句子

Make up sentences with the following words.

1. 食物 不能 吃 进来 教学楼 对不起 里 带

____。

2. 哪里 呢 吸烟 请问 可以

____？

3. 不能 图书馆 大声 那么 里 说话

____。

4. 一下 麻烦 让 您 我

____。

第十五课 我们一起去看看她吧

Let's visit her

一、热身 Warm-up

回答问题 Answer the Questions

Nǐ yǒu guò shēng bìng méi rén zhàogù de shíhou ma?
1. 你 有 过 生 病 没 人 照顾 的 时候 吗？

Rúguǒ jiārén péngyou shēng bìng le, nǐ huì wéi tā tā zuò shénme?
2. 如果 家人/朋友 生 病 了，你 会 为 他/她 做 什么？

Rúguǒ nǐ méi kǎo hǎo, xīwàng tīng dào biérén zěnme ānwèi nǐ?
3. 如果 你 没 考 好，希望 听 到 别人 怎么 安慰 你？

Nǐ de hǎo péngyou méi kǎo hǎo, nǐ huì zěnme gǔlì tā tā?
4. 你 的 好 朋友 没 考 好，你 会 怎么 鼓励 他/她？

二、课文 Text

课文 1.

Xiǎo Yáng, nǐ kàn qǐlai liǎnsè hěn bù hǎo, shì bù shūfu ma?
A: 小 杨，你 看 起来 脸色 很 不 好，是 不 舒服 吗？

Wǒ zuótiān pá shān huília jiù tóu téng de lìhài.
B: 我 昨天 爬 山 回来 就 头 疼 得 厉害。

Yídìng shì zhāoliáng le, duō hē rèshuǐ, hǎohao shuì yi jiào.
A: 一定 是 着凉 了,多 喝 热水,好好 睡 一 觉。

Hǎo de, xià jié kè máfan nǐ bāng wǒ gēn lǎoshī qǐng ge jià.
B: 好 的,下 节 课 麻烦 你 帮 我 跟 老师 请 个 假。

生词 New Words

1. 着凉 zháoliáng *v.* to catch a cold

课文 2.

Tīngshuō Qiūyún shēng bìng zhù yuàn le.
A: 听说 秋云 生 病 住 院 了。

Hěn yánzhòng ma? Shì shénme bìng?
B: 很 严重 吗?是 什么 病 ?

Liúgǎn. Shēng bìng de shíhou zuì xiǎng jiā le.
A: 流感。生 病 的 时候 最 想 家 了。

Shì a, wǒmen míngtiān yìqǐ qù kànkan tā ba.
B: 是 啊,我们 明天 一起 去 看看 她 吧。

生词 New Words

2. 住院 zhù yuàn *v.* to be hospitalized
3. 严重 yánzhòng *adj.* serious
4. 流感 liúgǎn *n.* influenza

课文 3.

Míngtiān jiù yào qīmò kǎoshì le, wǒ hǎo jǐnzhāng.
A: 明天 就 要 期末 考试 了,我 好 紧张 。

Zhè shì nǐ de dì yī cì Hànyǔ qīmò kǎoshì ma?
B: 这 是 你 的 第 一 次 汉语 期末 考试 吗?

Duì, hěn dān xīn zìjǐ kǎo bù hǎo.
A: 对 ,很 担 心 自己 考 不 好。

Bié dān xīn, nǐ xuéxí nàme rènzhēn, yídìng néng kǎo hǎo de. Jiā yóu!
B: 别 担 心,你 学习 那么 认真 ,一定 能 考 好 的。加 油!

生词 New Words

5. 紧张 jǐnzhāng *adj.* nervous
6. 担心 dān xīn *v.* to worry, to be afraid
7. 加油 jiā yóu *v.* to come on

课文 4.

Lánlì, zěnme le? Nǐ kàn qilai bù kāixīn.
A: 兰利,怎么 了?你 看 起来 不 开心。

Wǒ de Hànyǔ dú xiě méi kǎo hǎo, hěn duō xué guò de Hànzì hé cíyǔ dōu wàng le.
B: 我 的 汉语 读 写 没 考 好,很 多 学 过 的 汉字 和 词语 都 忘 了。

Quèshí ràng rén nánguò, búguò jìxù nǔlì, xià cì yídìng néng kǎo hǎo. Jiā yóu!
A: 确实 让 人 难过 ,不过 继续 努力,下 次 一定 能 考 好。加 油!

Wǒ huì nǔlì de, xièxie!
B: 我 会 努力 的,谢谢!

生词 New Words

8. 确实 quèshí *adv.* exactly, truly, really
9. 原因 yuányīn *n.* cause, reason
10. 继续 jìxù *v.* to go on, to continue

三、注释 Notes

1. 脸色指(1)脸上表现出来的健康状况和气色。

脸色 indicates the health and appearance of the face.

例如:在海边疗养后,脸色比过去好多了。

(2)脸上流露出来的表情。

It indicates the expression on one's face.

例如:脸色阴沉。

2. 看起来指从外表上看。

看起来 indicates looking from outside.

例如:最近工作忙碌,他看起来非常疲倦。

四、课堂活动 Activity

游戏:猜猜他怎么了?

一位同学上台做病痛的动作或表情。台下的同学猜出相应的词语,用“他/她看起来……”来表达。

例如:

(1)她看起来头疼。

(2)他看起来很难过。

五、练习 Exercise

词汇与汉字 Vocabulary and Chinese Characters

(一)根据拼音写汉字

Write Chinese characters according to the *pinyin.*

1. tóu(　　) téng(　　)　　2. zháo(　　)liáng(　　)

3. zhù(　　) yuàn(　　)　　4. yán(　　)zhòng(　　)

5. dān(　　)xīn(　　)　　6. nǔ(　　)lì(　　)

(二)看句子,选择正确的词语填空

Read the sentences and choose the right words to fill in the brackets.

A 紧张 (jǐnzhāng)　B 严重 (yánzhòng)　C 着凉 (zháoliáng)　D 担心 (dān xīn)　E 努力 (nǔlì)　F 加油 (jiā yóu)

1. 赵老师这次病得比上次(　　)多了。
Zhào lǎoshī zhè cì bìng de bǐ shàng cì (　　) duō le.

2. 别(　　),休息几天就会好的。
Bié (　　), xiūxi jǐ tiān jiù huì hǎo de.

3. 运动完马上脱衣服最容易(　　)了。
Yùndòng wán mǎshàng tuō yīfu zuì róngyì (　　) le.

4. 一想到下周的期末考试,我就特别(　　)。
Yì xiǎng dào xiàzhōu de qīmò kǎoshì, wǒ jiù tèbié (　　).

Zhǐyào jìxù ( ), yídìng néng xué hǎo Hànyǔ.
5. 只要 继续（ ），一定 能 学 好 汉语。

Wèile tōngguò HSK sì jí, wǒ yídìng huì ( ) de.
6. 为了 通过 HSK 四 级，我 一定 会（ ）的。

（三）选择正确的汉字

Choose the correct Chinese characters.

Bèi lěngfēng chuī dào jiù róngyì tóu ( ).
(1)被 冷风 吹 到 就 容易 头（ ）。

疼	病

Fēnghán gǎnmào yìbān dōu shì yīnwéi zháo ( ).
(2)风寒 感冒 一般 都 是 因为 着（ ）。

凉	冷

Wǒ háishi hěn ( ) xīn tā de shēntǐ.
(3)我 还是 很（ ）心 他 的 身体。

胆	担

Wèile kǎo rù xǐhuan de dàxué, wǒmen dōu yào jiā ( )!
(4)为了 考 入 喜欢 的 大学，我们 都 要 加（ ）！

涌	油

语法与句型 Grammar and Sentence Pattern

（一）根据给出的句子，完成对话

Complete the conversation according to the sentences given.

Wǒ juéde hěn bù shūfu, tóu téng, hái pà lěng.
1. A: 我 觉得 很 不 舒服，头 疼，还 怕 冷。

Yídìng shì
B: 一定 是__________，________________。

Tīngshuō Zhāng lǎoshī shēng bìng zhù yuàn le.
2. A: 听说 张 老师 生 病 住 院 了。

Shì ma? Nà
B: 是 吗？那____________________。

Xiàzhōu jiù yào qīmò kǎoshì le, hǎo jǐnzhāng.
3. A: 下周 就 要 期末 考试 了，好 紧张。

Bié
B: 别________，________________。

Wǒ de tīnglì méi kǎo hǎo.
4. A: 我 的 听力 没 考 好。

B: ______________________________。

（二）选择合适的问答

Match the sentences to make dialogues.

Zuìjìn shuǐguǒ tài guì le.
A. 最近 水果 太 贵 了。

Wèi, shì Zhāng Dōng ma?
B. 喂，是 张 东 吗？

Wáng Fāng, nǐ jiā lí xuéxiào yuǎn ma?
C. 王 芳，你 家 离 学校 远 吗？

Shì ma? Wǒ zhèng dǎsuàn qǐng tā jiāo wǒ ne.
D. 是 吗？我 正 打算 请 她 教 我 呢。

Wáng lǎoshī de gāngqín dàn de hěn hǎo, jiāo guò hěn duō xuésheng.
1. 王 老师 的 钢琴 弹 得 很 好，教 过 很 多 学生 。 （ ）

Kě bú shì, yì jīn píngguǒ dōu wǔ kuài duō le.
2. 可 不 是，一 斤 苹果 都 五 块 多 了。 （ ）

Zhāng Dōng bú zài, tā kàn zúqiú bǐsài qù le.
3. 张 东 不 在，他 看 足球 比赛 去 了。 （ ）

Bú tài yuǎn, zuò gōnggòng qìchē dàgài fēnzhōng jiù dào le.
4. 不 太 远，坐 公共 汽车 大概 15 分钟 就 到 了。 （ ）

（三）将下列词语组成句子

Make up sentences with the following words.

1. 了 多 着凉 好好 喝 一定 热水 睡一觉 是

______________________________。

2. 看看 明天 一起 吧 去 我们 她

______________________________。

3. 考试 明天 了 紧张 期末 就要 好 我

______________________________。

4. 谢谢 努力 会 我 的

______________________________。